「2019 개정 누리과정」을 반영한

2판

유아 학교현장실습

Practicum in Childcare & Education

놀이에 기초한
단위(연계)활동 지도 방법 중심으로

| 양수영 저 |

학지사

2판 머리말

양질의 교육을 위해서는 교사의 역할이 매우 중요하다. 교사가 지닌 지식, 기술, 태도는 학습자들에게 표면적 교육과정과 잠재적 교육과정의 형태로 그대로 전달되기 때문이다. 따라서 교사가 지닌 능력의 편차는 학습자들에게 학습의 결과로 나타날 수밖에 없다. Winton과 McCollum(2008)도 교육 관련 연구들을 종합하여 교사가 교육의 질에 영향을 미치는 중요한 변인임을 강조하였다. 따라서 교사를 양성하는 교사교육은 미래 인재 양성과 사회 발전에 있어서 매우 의미 있는 일이라고 할 수 있다.

하지만 교사교육의 한계점으로 항상 지적되어 온 것이 있다. 바로 교육에서 배운 이론과 교육현장 간의 괴리가 크다는 것이다. 이것은 교육이론과 교육현장의 본질적 특성에서 비롯된 것으로 과거와 현재만의 문제는 아니며, 향후 미래에도 이러한 한계점은 계속 지적될 수밖에 없다. 즉, 교육은 백년지대계(百年之大計)라고 할 만큼 이론의 변화가 크지 않은 반면, 현장은 다양한 사회문화의 변화 속에서 교육수요자의 개성과 요구가 다양해지면서 역동적으로 변화하고 있다. 따라서 양질의 교육을 위해서는 이러한 이론과 실제의 본질적 특성 차이를 인정해야 하며, 그 간극을 줄이기 위해 교육으로 배운 이론을 현장의 다양하고 복잡한 상황에 맞게 융통적으로 적용하는 노력이 요구된다고 할 수 있다.

이러한 노력으로써 강조되는 것이 교사의 실천적 지식 함양이다(Hiebert, Gallimore, & Stigler, 2002). 실천적 지식이란, 교사 양성과정 중에 이론을 학습하고, 이후 현장과 연계하여 학습한 이론을 다시 경험하고, 경험에 대한 반성적 사고를 거쳐 자신만의 새로운 이론으로 재구성한 것을 의미한다. 따라서 학습한 모든 이론에 대해 실천적 지식을 함양한 교사는 이후 교육현장에서도 현장의 상황이 어떠할지라도 이론을 적절하게 적용할 수 있게 된다. 따라서 양질의 교육을 기대하기 위해서는 예비교사 양성과정에서 교사들의 실천적 지식 함양을 목표로 교육을 해야 한다.

이때 중요한 것이 바로 교육현장에 나가 학습한 이론을 경험할 수 있도록 하는 교육실습의 과정이라고 할 수 있다. 따라서 교육실습을 효과적으로 운영하기 위해서는 학습자들이 교육실습에 임하기 전 그동안 학습한 이론들을 재확인하고, 교육실습에 임하는 태도도 스스로 점검해 보아야 하며, 교육실습 후에도 실습 경험에 대한 평가와 반성적 사고과정이 필요하다고 할 수 있겠다.

따라서 이 책의 제1장에서는 실습의 개념과 의의를 이해하도록 하여 먼저 실습 참여와 준비에 동기화되도록 하였다. 그리고 제2장에서는 실습을 위한 서류 준비 및 사전방문을 적절하게 수행할 수 있도록 안내하였고, 제3장에서는 실습 관련 태도를 다시 점검하고 마음가짐을 정비할 수 있도록 하였다. 제4장과 제5장, 제6장과 제7장에서는 김혜윤, 강유진(2018) 등이 보고한 실습생이 가장 어려워하는 유아와의 상호작용 방법과 단위활동 지도 방법, 연계활동 지도 방법을 「2019 개정 누리과정」의 놀이중심 · 유아중심 교육과정에 기초하여 구체적으로 제시하였다. 그리고 제8장과 제9장에서는 실습 과제와 관련하여 과제 수행에 도움이 될 수 있도록 놀이기록 및 일화기록 관찰법과 교재교구 제작 및 활용 방법에 대해 제시하였다. 마지막으로, 제10장에서는 실습 후 실천적 지식을 형성할 수 있도록 스스로 다양한 방식의 평가를 해 볼 수 있도록 하였다.

이 책은 앞서 언급한 것처럼 다른 교재들과 다음의 두 가지 차별점을 지니고 있다.

첫째 ‘실천적 지식 형성’을 위한 내용 구성

- Elbaz(1983)의 실천적 지식 형성을 위한 세 가지 측면(지식, 구조, 정향)을 고려한 구성

둘째 실습생의 어려움에 기초한 내용 구성

- 놀이에 기초한 ‘단위(연계)활동 지도 방법’ 구체적 제시

[교재의 구성 특징]

이 책은 대학에서 학교현장실습뿐만 아니라 교과교육론 등의 수업에서 활용될 수 있을 것이며, 이를 통해 예비교사들의 유아교육에 대한 실천적 지식이 함양될 것이라고 기대할 수 있겠다.

이 책이 나오기까지 도움을 주신 학지사 직원분들께 감사의 마음을 전한다.

2023년 8월

저자 양수영

차례

◆ 2판 머리말 / 3

제1장 실습의 개념 및 의의 • 11

1. 개념 / 13
2. 의의 / 16

제2장 실습 전(前) 준비사항 • 17

1. 서류 준비 / 19
   1) 실습생 신상조사서 / 19
   2) 현장실습 협약서 / 20
   3) 성범죄 경력 및 아동학대 관련 범죄 전력 조회 신청서 / 22
   4) 성범죄 경력 및 아동학대 관련 범죄 전력 조회 동의서 / 23
   5) 보건증(건강진단결과서) / 25
   6) 실습생 서약서 / 25
2. 실습기관 사전방문 / 26
   1) 전화로 방문 약속 정하기 / 27
   2) 사전방문하기 / 28
3. 준비물 / 30

제3장 실습생의 역할과 자세 • 31

1. 일반적인 실습생의 역할과 자세 / 33
   1) 유아 교사의 일반적인 역할 / 33
   2) 실습생에게 요구되는 역할 / 35
   3) 일반적인 실습생의 자세 / 36

2. 실습 기간에 따른 실습생의 역할과 자세 / 39
3. 하루일과에 따른 실습생의 역할과 자세 / 41
1) 등원 전 / 41
2) 등원 시 / 41
3) 실내자유놀이 / 42
4) 실내자유놀이 정리정돈 / 42
5) 실외자유놀이 / 42
6) 실외자유놀이 정리정돈 / 43
7) 대집단활동(참관) / 43
8) 간식 및 점심식사 / 44
9) 귀가 시 / 44
10) 귀가 후 / 45
11) 산책 및 현장체험활동(견학) / 45
12) 기타 / 45

제4장 유아와의 상호작용 방법 • 47
1. 유아 발달에 따른 상호작용 / 49
1) 유아 발달 특성 / 49
2) 유아와의 상호작용 방법 / 50
2. 문제 상황 시 상호작용 / 53

제5장 놀이에 기초한 활동계획 방법 • 57
1. 「2019 개정 누리과정」에 기초한 활동 지도 / 59
1) 국가 수준 교육과정으로서 유치원 교육과정 / 59
2) 「2019 개정 누리과정」의 배경 / 60
3) 「2019 개정 누리과정」의 주요 내용 / 62
4) 「2019 개정 누리과정」의 한계 / 65
2. 연간 교육계획 / 66
3. 월간 교육계획 / 67
4. 주간 교육계획 / 69
5. 일일 교육계획 / 71

제6장 단위활동 지도 방법 • 77

1. 이야기 나누기 지도 방법 / 79
2. 동화 지도 방법 / 82
3. 동시 지도 방법 / 85
4. 동극 지도 방법 / 88
5. 새 노래 지도 방법 / 91
6. 신체표현 지도 방법 / 94
7. 게임 지도 방법 / 98
   1) 저연령 유아를 위한 게임 지도 방법 / 98
   2) 고연령 유아를 위한 게임 지도 방법 / 100
8. 미술(조형) 지도 방법 / 103
9. 요리활동 지도 방법 / 106
10. 단위활동 지도안 작성 방법 / 109

제7장 연계활동 지도 방법 • 117

1. 연계활동 의미 / 119
2. 연계활동 계획 원리 / 119
3. 전이활동 / 120
   1) 의미 / 121
   2) 전이활동 유형 / 121
   3) 전이활동 방법 / 122

제8장 일화기록과 놀이기록 • 127

1. 일화기록 관찰법 / 129
   1) 관찰의 개념과 목적 / 129
   2) 일화기록 관찰 방법 / 130
   3) 일화기록 작성 예시 / 134
2. 놀이기록 / 134
   1) 놀이기록의 개념과 목적 / 134
   2) 놀이기록 방법과 활용 / 135

제9장 교재교구 제작 및 활용 • 139

1. 개념 및 필요성 / 141
   1) 개념 / 141
   2) 필요성 / 141
2. 제작 및 활용 원리 / 142
   1) Hoban과 Zisman(1937)의 지적 경험 일반화 / 142
   2) Dale(1969)의 경험의 원추 / 143
   3) Finn(1964)의 검은 상자 모형 / 144
3. 제작 및 활용 시 유의점 / 145
   1) 제작 시 유의점 / 145
   2) 활용 시 유의점 / 149

제10장 실습 평가 • 151

1. 실습 평가 기준 / 153
2. 객관적 자기 평가 / 155
3. 반성적 평가 / 156

부록 • 159

1. 실습일지 예시 / 161
2. 실습 관련 양식 / 170

◆ 참고문헌 / 173

제 1 장

실습의 개념 및 의의

이 장은 실습의 개념과 의의를 이해함으로써
학생들의 실습에 임하는 올바른 태도 형성을 목표로 한다.

1. 개념
2. 의의

1. 개념

교육실습이란, 교사 양성교육과정 중 중요한 과정의 하나로 대학에서 학습한 이론과 지식, 기술, 태도를 실제 교육현장에 일정 기간 나가서 실천적으로 재학습하고, 반성의 과정을 거쳐 견고히 하는 활동을 의미한다. 실습은 향후 교사의 자질과 능력 함양에 매우 중요한 영향을 미치는 중요한 경험이다(양수영, 2013a).

교육실습의 개념에 대해 구체적으로 살펴보면 다음과 같다.

대학의 교육실습은 유치원 2급 정교사 자격증 취득과 관련한 것으로 교직과목 중 학교현장실습 과목과 연계해서 이루어지며, 한 학기 집중 운영, 학기(학년)별 분산 운영, 학생별 강좌가 없는 요일 활용 등 다양한 방법으로 운영할 수 있다. 또한 학기제로 운영하여 전공, 교직과목과 연계할 수 있다. 교육실습은 전일제로 실시하는 경우 1학점당 2주로 하며, 실습기간 중 공휴일(개교기념일 포함) 등이 포함될 수 있다. 이 경우 공휴일과 결근일 등을 포함하여 전체 실습일수의 20%를 초과하지 않도록 해야 한다. 초과 시, 직접이나 간접 방식의 추가 실습 이수를 해야 한다. 다만 실습 기간이 연속되지 않은 경우에는 1학점당 80시간 이상을 기준으로 한다. 또한 법적(「유아교육법」 제2조)으로 인정받은 유치원에서 실시하여야 하며, 2학점 이상 이수해야 한다. 따라서 4주간 160시간 이상 실습경험을 해야 한다(교육부, 2023).

참고로 교육실습에 소요되는 실비는 관련 법령(「교원자격검정령 시행규칙」 제12조 제1항)에 의거하여 해당 학생에게 부담하게 할 수 있다(교육부, 2023).

유치원 교사 자격증 관련 교과목 및 학점

<table>
<tr><th>구분</th><th>2009~2012학년도 입학자
※ 2011~2014학년도 편입학자 및 재입학자 포함</th><th>2013~2020학년도 입학자
※ 2015~2022학년도 편입학자 및 재입학자 포함</th><th>2021학년도 이후 입학자부터
※ 2023년도 이후 편입학자 및 재입학자 포함</th></tr>
<tr><td>전공과목</td><td>• 50학점 이상
–기본이수과목 21학점(7과목) 이상 포함
–교과교육영역 8학점(3과목) 이상 포함
※ 특수학교의 경우 80학점 이상 특수교육 관련 전공과목 42학점 이상(기본이수과목 21학점/7과목 이상 포함), 표시과목(또는 자격종별) 38학점 이상(기본이수과목 21학점/7과목 이상 포함), 교과교육영역 8학점(3과목) 이상 포함</td><td>• 50학점 이상
–기본이수과목 21학점(7과목) 이상 포함
–교과교육영역 8학점(3과목) 이상 포함
※ 특수학교의 경우 80학점 이상 특수교육 관련 전공과목 42학점 이상(기본이수과목 21학점/7과목 이상 포함), 표시과목(또는 자격종별) 38학점 이상(기본이수과목 21학점/7과목 이상 포함), 교과교육영역 8학점(3과목) 이상 포함</td><td>• 50학점 이상
–기본이수과목 21학점(7과목) 이상 포함
–교과교육영역 8학점(3과목) 이상 포함
※ 특수학교의 경우 80학점 이상 특수교육관련 전공과목 42학점 이상(기본이수과목 21학점/7과목 이상 포함), 표시과목(또는 자격종별) 38학점 이상(기본이수과목 21학점/7과목 이상 포함, 교과교육영역 8학점(3과목) 이상 포함. 단, 중등의 경우 특수교육교육과정(기본 교육과정 교과(군)*) 7학점(3과목) 이상을 추가로 포함
*교육부 고시 제2015-81호 총론 및 〔별책 3〕의 교과(군)을 참고하여 대학별 적절한 강의개설(가능한 전 교과(군)을 다룰 수 있도록 과목 개설 권장)
※ 기본이수과목 특수교육공통영역에서 특수교육교육과정론 필수 이수로 변경</td></tr>
<tr><td>교직과목</td><td>• 22학점 이상
–교직이론 14학점(7과목) 이상
–교직소양 4학점(2과목) 이상
–교육실습 4학점 이상</td><td colspan="2">• 22학점 이상
–교직이론 12학점(6과목) 이상
–교직소양 6학점(3과목) 이상
–교육실습 4학점 이상</td></tr>
<tr><td>성적기준</td><td>• 졸업 전체 평균성적 75/100점 이상</td><td colspan="2">• 전공과목 평균성적 75/100점 이상
• 교직과목 평균성적 80/100점 이상</td></tr>
</table>

기타	• 교직 적 · 인성검사 적격판정 1회 이상 • 응급처치 및 심폐소생술 실습 2회 이상 (단, 2016. 3. 1. 시행일 당시 교원양성과정을 이수할 때까지 2학기의 교원양성과정이 남은 사람은 1회 실시하며, 2학기 미만이 남은 사람은 제외) • 산업체 현장실습 이수확인서 (공업계 표시 과목 취득자에 한함) • 기타 대학의 장이 별도로 정하는 기준 –일정 수준 이상의 외국어 능력(외국어 교사자격증 취득자에 한함)	• 교직 적 · 인성검사 적격판정 2회 이상 • 응급처치 및 심폐소생술 실습 2회 이상 (단, 2016. 3. 1. 시행일 당시 교원양성과정을 이수할 때까지 2학기의 교원양성과정이 남은 사람은 1회 실시하며, 2학기 미만이 남은 사람은 제외) • 산업체 현장실습 이수확인서 (공업계 표시 과목 취득자에 한함) • 기타 대학의 장이 별도로 정하는 기준 –일정 수준 이상의 외국어 능력(외국어 교사자격증 취득자에 한함)	• 교직 적 · 인성검사 적격판정 2회 이상 • 응급처치 및 심폐소생술 실습 2회 이상(단, 2016. 3. 1. 시행일 당시 교원양성과정을 이수할 때까지 2학기의 교원양성과정이 남은 사람은 1회 실시하며, 2학기 미만이 남은 사람은 제외) • 성인지 교육 4회 이상(3년 이하의 교원양성과정 2회 이상) ※ 단, '21. 2. 9. 기준 교원양성과정 이수시까지 2학기 초과하는 자부터 적용, '21. 2. 9. 이전 입학자는 2회 이상 • 산업체 현장실습 이수확인서 (공업계 표시과목 취득자에 한함) • 기타 대학의 장이 별도로 정하는 기준 –일정 수준 이상의 외국어능력(외국어 교사자격증 취득자에 한함)

※ (결격사유 확인) '21. 6. 23. 이후 자격검정 대상자는 「유아교육법」 제22조의2 및 「초 · 중등교육법」 제21조의2에 따른 교사 자격 취득의 결격사유 확인

출처: 교육부 (2023).

구분		관련 교과목
전공과목	기본이수과목	유아교육론, 유아교육과정, 영유아발달과 교육, 유아언어교육, 유아사회교육, 유아과학교육, 유아수학교육, 유아미술교육, 유아음악교육, 유아교사론, 유아동작교육, 유아놀이지도, 유아교육기관운영관리, 아동권리와 복지, 유아건강교육, 유아관찰및실습, 부모교육, 유아안전교육
	교과교육	교과교육론, 교과 논리 및 논술, 교과 교재 연구 및 지도법, 교과별 교수법, 교과별 교육과정, 교과별 평가방법론 등

교직 과목	교직이론	교육학개론, 교육철학 및 교육사, 교육과정, 교육평가, 교육방법 및 교육공학, 교육심리, 교육사회, 교육행정 및 교육경영, 생활지도 및 상담, 그 밖의 교직이론에 관한 과목
	교직소양	특수교육학 개론(2학점 이상, 영재교육 영역 포함), 교직실무(2학점 이상), 학교폭력 예방 및 학생의 이해(2학점 이상, '생활지도 및 상담' 과목 이수를 교직소양으로 인정 가능하나, '생활지도 및 상담' 과목의 교수요목에 학교폭력 예방교육, 인성교육 등의 내용을 50% 이상 반영해야 함)
	교육실습	학교현장실습(2학점 이상), 교육봉사활동(2학점 이상 포함 가능)

출처: [교육부고시 제2021-31호]
유치원 및 초등 · 중등 · 특수학교 등의 교사자격 취득을 위한 세부 기준

2. 의의

현장에서의 실습을 통한 의의는 다음과 같다.

첫째, 현장에서의 구체적 경험을 통해 대학에서 배운 지식, 기술, 태도를 재인식할 수 있으며, 나름의 반성적 사고를 함으로써 실천적 지식을 형성하여, 교사의 자질과 능력을 한층 향상시킬 수 있다.

둘째, 실습을 통해 각 연령별 유아의 실제 발달 특성을 이해하고, 적절한 교육이 무엇인지 구별하고, 생각해 볼 수 있다.

셋째, 기관 내 조직 문화를 이해하고, 교사의 다양한 역할을 이해할 수 있다.

넷째, 역동적 교육환경 속에서 이론과 실제의 괴리를 극복할 수 있는 올바른 교직관을 형성할 수 있다.

제2장

실습 전(前) 준비사항

이 장은 실습에 임하기 전 준비해야 하는 사항들을 이해하고 준비하도록 함으로써 실습을 차질 없이 대비할 수 있도록 하는 것을 목표로 한다.

1. 서류 준비
2. 실습기관 사전방문
3. 준비물

1. 서류 준비

실습을 위해서는 다음의 서류를 미리 준비해야 한다.

1) 실습생 신상조사서

실습생 신상조사서는 실습기관에 자신의 기본 신상을 알리는 문서이다.

실습생 신상조사서

<table>
<tr><td>주소</td><td colspan="5"></td><td rowspan="5">사진</td></tr>
<tr><td rowspan="2">연락처</td><td>(집)</td><td colspan="4"></td></tr>
<tr><td>(휴대전화)</td><td colspan="4"></td></tr>
<tr><td rowspan="2">성명</td><td>(한글)</td><td colspan="2"></td><td rowspan="2">성별</td><td rowspan="2"></td></tr>
<tr><td>(한자)</td><td colspan="2"></td></tr>
<tr><td>주민등록번호</td><td colspan="6">– (실명 확인을 위함)</td></tr>
<tr><td rowspan="3">학력</td><td colspan="6">중학교 년 졸업 (년 월)</td></tr>
<tr><td colspan="6">고등학교 년 졸업 (년 월)</td></tr>
<tr><td colspan="6">대학교 년 입학 (년 월)</td></tr>
<tr><td rowspan="7">가족사항</td><td colspan="3">성명(함께 거주하는 가족만)</td><td colspan="3">관계</td></tr>
<tr><td colspan="3"></td><td colspan="3"></td></tr>
<tr><td colspan="3"></td><td colspan="3"></td></tr>
<tr><td colspan="3"></td><td colspan="3"></td></tr>
<tr><td colspan="3"></td><td colspan="3"></td></tr>
<tr><td colspan="3"></td><td colspan="3"></td></tr>
<tr><td colspan="3"></td><td colspan="3"></td></tr>
<tr><td>비고</td><td colspan="6">기타(실습지도상 주의를 원하는 사항 기록)</td></tr>
</table>

[그림 2-1] **실습생 신상조사서 예시**

실습생 신상조사서를 기록할 때는 다음의 사항을 주의하여 기록한다.

- 사진은 최근 3개월 이내 찍은 증명사진을 부착한다.
- 기재 시 검정색 펜을 사용한다.
- 모든 기재사항은 오탈자가 없도록 정확히 기재한다.
- 주소와 연락처는 현재를 기준으로 작성한다.
- 성명과 성별을 기록한다.
- 주민등록번호는 뒷자리까지 모두 기록해야만 실명 확인이 가능하다.
- 학력은 중학교 때부터의 사항만 기록한다.
- 가족사항은 현재 함께 거주하는 가족의 이름, 본인과의 관계만 기록한다.
- 비고란에는 실습지도상 주의를 원하는 사항을 기록한다.

2) 현장실습 협약서

현장실습 협약서는 대학에 따라 작성 유무와 그 양식이 상이하다. 일반적으로 실습에 대하여 실습기관과 대학이 협약을 맺는 것을 의미하며, 협약을 통해 실습기관으로 인정이 된다. 이는 대학과 실습기관이 날인하여 각 1부씩 보관한다.

현장실습 협약서

______________(이하 '실습기관'이라 한다)과 ○○대학교(이하 '대학'이라 한다)는 '대학' 소속 학생들(이하 '실습생'이라 한다)의 진로 선택에 도움을 주고, 현장에서 요구하는 전문지식과 경험 습득을 목적으로 하는 현장실습학점제(이하 '현장실습'이라 한다) 운영과 관련된 지침을 준수하고, 상호 간의 운영에 필요한 사항을 이행하기 위하여 다음과 같이 협약을 체결한다.

제1조 (현장실습 기간 및 대상)

① '현장실습 기간'은 1일 8시간/주 40시간(오전 9시~오후 7시 내)을 기준으로 연속적으로 실시되어야 하며, 최소 4주(160시간) 이상 실습하여야 한다.

② '현장실습 대상'은 ○○대학교 재학생으로 한다.

제2조 (현장실습 운영)

① '실습기관'은 현장실습을 지도할 담당자를 배치하여 실습생이 성실히 현장실습을 수행할 수 있도록 지도하고 실습생에 대한 출결 관리 및 평가를 실시한다.

② '대학'은 '대학'의 현장실습 관련 규정에 따라 현장실습 학생을 지도하고 실습 종료 후 학점부여 절차를 실시한다.

제3조 (현장실습 시간 및 장소)

① 실습 시간은 '실습기관'의 근로시간을 기준하여 1일 8시간 실시하는 것을 원칙으로 한다.

② 실습 장소는 실습기관의 사업장 또는 사업과 관련된 장소로 하고, 실습생의 보건 · 위생 및 산업재해, 성희롱 · 성폭력 등으로부터 안전한 장소로 지정한다.

제4조 (협약의 효력 및 기간) 본 협약의 효력은 협약 체결일로부터 발생하며 협약 기간은 협약 체결일로부터 1년으로 한다. 단, '실습기관' 또는 '대학' 중 이의를 제기하지 않을 경우 자동 갱신되는 것으로 한다.

제5조 (기타) 본 협약에 명기되지 아니한 세부 사항에 대해서는 당사자 간 협의하여 별도로 정한다.

본 협약의 성립을 증명하기 위하여 협약서 2부를 작성, '실습기관'과 '대학'은 각각 서명 날인 후 1부씩 보관한다.

년 월 일

실습기관	대학
기관 명:	기관 명:
주 소:	주 소:
대표자: 인	대표자: 인

[그림 2-2] **현장실습 협약서 예시**

3) 성범죄 경력 및 아동학대 관련 범죄 전력 조회 신청서

실습생은 성범죄 경력 및 아동학대 관련 범죄 전력 조회 신청서 내 '대상자'에 내용을 작성하여 기관에 제출하여야 한다. 기관은 4)의 서류(성범죄 경력 및 아동학대 관련 범죄 전력 조회 동의서)와 함께 성범죄 경력 및 아동학대 관련 범죄 전력 조회 신청을 경찰서에 할 수 있다.

■ 아동 · 청소년의 성보호에 관한 법률 시행규칙 [별지 제9호의3 서식] 〈신설 2018. 3. 21.〉 범죄경력회보서 발급시스템 (https://crims.police.go.kr)에서도 신청할 수 있습니다.

성범죄 경력 및 아동학대 관련 범죄 전력 조회 신청서

※ 색상이 어두운 난은 신청인이 작성하지 아니하며, [ ]에는 해당되는 곳에 √표를 합니다.

<table>
<tr><td colspan="2">접수번호</td><td>접수일시</td><td>처리일시</td><td>처리기간
즉시</td></tr>
<tr><td>신청인</td><td colspan="2">성명</td><td colspan="2">주민등록번호 −</td></tr>
<tr><td rowspan="2">대상자</td><td colspan="4">성명(외국인의 경우 영문으로 작성)</td></tr>
<tr><td colspan="4">주민등록번호(외국인의 경우 외국인등록번호/국적)</td></tr>
<tr><td rowspan="2">운영 또는
취업정보</td><td colspan="2">운영예정 또는 취업(예정) 기관명</td><td colspan="2">운영예정 또는 취업(예정) 기관 주소
(전화번호:)</td></tr>
<tr><td>조회용도</td><td>[ ] 운영하려는 자용</td><td colspan="2">[ ] 취업(예정)자용
(직종:)</td></tr>
</table>

「아동 · 청소년의 성보호에 관한 법률」 제65조 및 같은 법 시행령 제25조에 따라 성범죄 경력 조화와 「아동복지법」 제29조의3 및 같은 법 시행령 제26조의4에 따라 아동관련기관을 운영하려는 사람, 아동관련기관에 취업 중이거나 노무를 제공 중인 사람 또는 취업하거나 노무를 제공하려는 사람에 대한 아동학대 관련 범죄 전력 조회를 요청하오니 그 결과를 회신해 주시기 바랍니다.

년 월 일

신청인 (서명 또는 인, 정보통신망 이용 시 생략 가능)

________________ 경찰서장 귀하

첨부서류	1. 아동관련기관의 장 및 아동 · 청소년 관련기관 등의 장임을 증명할 수 있는 자료(인 · 허가증 사본 등) 1부(아동관련기관의 장 및 아동 · 청소년 관련기관 등의 장의 경우만 제출합니다) 2. 조회 대상자 본인의 동의서 1부	수수료 없음
유의사항		
1. 대상자가 외국인인 경우 성명은 영문으로 적고, 외국인등록번호 및 국적을 적습니다. 2. 대상자가 2명 이상일 경우에는 뒤쪽에 일괄하여 작성할 수 있습니다.		
처리절차		
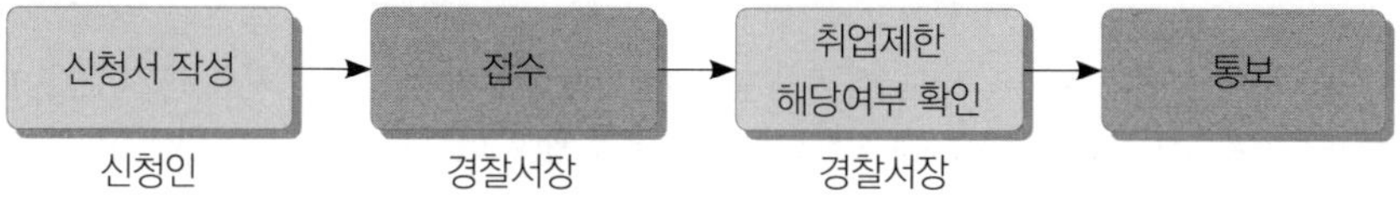		
210mm×297mm[백상지(80g/m²) 또는 중절지(80g/m²)]		

[그림 2-3] **성범죄 경력 및 아동학대 관련 범죄 전력 조회 신청서 예시**

간혹, 실습생이 경찰서에 방문하여 직접 신청할 수도 있다. 이때 파출소, 지구대, 치안센터 등이 아닌, 자치구 관할 경찰서에서 가능하며, 경찰서의 민원실에 방문하여 신청할 수 있다. 신청할 때는 신분증을 지참해야 한다.

4) 성범죄 경력 및 아동학대 관련 범죄 전력 조회 동의서

실습생은 성범죄 경력 및 아동학대 관련 범죄 전력 조회를 위해 개인정보 제공 동의를 위한 동의서를 작성하여 기관에 3)의 서류(성범죄 경력 및 아동학대 관련 범죄 전력 조회 신청서)와 함께 제출하여야 한다.

■ 아동복지법 시행규칙 [별지 제12호의5 서식] 〈개정 2019. 6. 12.〉

성범죄 경력 및 아동학대 관련 범죄 전력 조회 동의서

대상자	성명(외국인의 경우 영문명)
	주민등록번호(외국인의 경우 외국인등록번호/국적)
	연락처(휴대전화 등)

본인은 ○○기관(시설)(예: 유치원, 어린이집, 아동복지시설, 청소년쉼터, 청소년활동시설, 의료기관 등)의 취업(예정)자 또는 노무 제공(예정)자로서 「아동·청소년의 성보호에 관한 법률」 제56조 및 같은 법 시행령 제25조에 따른 성범죄 경력 조회와 「아동복지법」 제29조의3 및 같은 법 시행령 제26조의5에 따른 아동학대관련범죄 전력 조회에 동의합니다.

년 월 일

동의자 (서명 또는 인)

_______________ 경찰서장 귀하

유의사항

1. 개인정보 수집항목: 성명, 주민등록번호(외국인의 경우 외국인등록번호 및 국적, 외국인등록번호가 없는 경우 생년월일 및 여권번호)
2. 개인정보 제공 거부에 따른 제한사항: 개인정보 제공 동의를 거부하는 경우에는 취업에 제한을 받을 수 있습니다.
3. 개인정보의 수집·이용 목적: 수집된 개인정보는 성범죄 경력 조회 요청, 아동학대관련범죄 전력 조회 요청 등을 위하여 사용됩니다.
4. 동의자가 2명 이상일 경우에는 뒤쪽에 일괄하여 작성할 수 있습니다.

210mm×297mm[백상지(80g/m^2) 또는 중질지(80g/m^2)]

[그림 2-4] **성범죄 경력 및 아동학대 관련 범죄 전력 조회 동의서 예시**

5) 보건증(건강진단결과서)

보건증(건강진단결과서)은 면역력이 약한 유아에게 옮길 수 있는 전염성 질환 보유 유무를 실습기관에서 확인할 수 있도록 제출하는 서류이다. 보건증(건강진단결과서)은 가까운 보건소에 방문하여 신청서를 작성하고, 신분증 제시 후 검사를 받게 된다. 결과 판정까지는 약 5일 내외가 소요되므로 실습 시작 전 미리 검사받는 것이 좋다. 발급은 온라인과 오프라인 모두 가능하며, 오프라인의 경우에는 신청/검사한 보건소에 방문하여 신분증 제시 후 수령 가능하다. 만약 대리 수령 시에는 '건강진단결과서 대리수령 위임장'과 대리인 신분증을 제시하면 된다. 온라인의 경우에는 공공보건포털(www.e-health.go.kr)에 접속하여 온라인 민원서비스, 제증명발급, 건강진단결과서(보건증)를 순차적으로 클릭하면 발급 가능하며, 행정안전부 '정부24' 포털(www.gov.kr)에서도 발급 가능하다. 궁금한 사항은 보건복지상담센터(연락처 129)로 문의 가능하다. 발급 후 유효기간은 1년이다.

6) 실습생 서약서

실습생 서약서는 실습 기간 동안 실습에 성실히 임할 것이라고 서약하는 것으로, 작성하여 기관에 제출한다. 이는 대학이나 기관에 따라 작성하지 않는 경우도 있으며, 양식도 상이하다.

실습생 서약서

________대학 ________학과(학부) ________학년 학번________

상기 본인은 귀 기관의 실습생으로서 실습의 목적과 중요성을 충분히 이해하고 기관의 제반 규정을 성실히 준수하여 교사로서의 자질 향상에 최선을 다할 것을 서약합니다.

년 월 일

실습생 (인)

○○○ 기관장 귀하

[그림 2-5] **실습생 서약서 예시**

그 외 기관에 따라 준비해야 할 추가 서류가 있을 수 있으므로 실습 전 실습기관 사전방문을 위한 약속을 정하는 전화를 할 때, 실습을 위해 준비해야 하는 서류가 무엇인지 문의하고 준비하는 것이 좋다. 또한 실습기관에 따라 필요 서류가 다르므로 이 책의 부록(2. 실습 관련 양식)을 참고하여 추가로 준비할 수 있다.

2. 실습기관 사전방문

사전방문을 하면 기관의 위치를 먼저 익힐 수 있고, 기관에 미리 방문함으로써 실습을 하게 될 교실과 실습 지도교사, 원장 등 다른 교사들과 친밀감을 형성할 수 있다. 또한 실습 시 유의사항을 실습 전에 확인함으로써 실습을 잘 준비할 수 있다.

1) 전화로 방문 약속 정하기

사전방문은 대체로 실습이 시작되기 일주일 전쯤 이루어지는 것이 좋다. 따라서 실습이 시작되기 열흘이나 2주 전에는 사전방문을 위해 기관에 전화하여 방문 약속을 정해야 한다. 전화를 하는 시간은 실습기관의 바쁜 일과가 끝날 때쯤인 대략 오후 3~5시 사이가 좋다. 동일한 기관에 여러 명이 실습을 나가는 경우에는 한 명이 대표로 전화를 하며, 전화를 하기 전 미리 실습생들이 방문 가능한 요일과 시간을 2~3개 정하여 기록한 뒤 전화하는 것이 좋다.

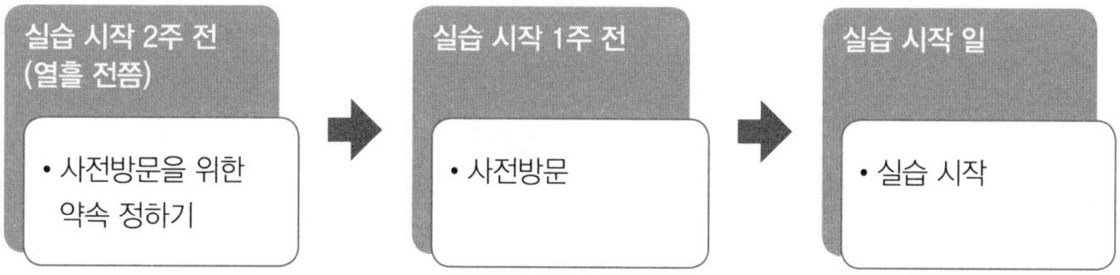

[그림 2-6] **실습기관 사전방문 시기**

전화로 사전방문 약속 정하기 예	
	안녕하세요? ○○유치원이지요? 저는 이번에 ○○유치원에서 실습하게 된 ○○대학교 ○○○입니다. *※ 여러 명이 실습하는 경우, "그리고 ○명의 친구가 더 있습니다." 라고 알리기* 다름이 아니고, 실습을 시작하기 전에 먼저 방문하여 선생님들께 인사를 드리고, 실습 시 유의사항 등을 듣고 싶어서 전화 드렸습니다. 혹시 가능하시다면, ○요일이나 ○요일 ○시쯤 찾아뵈어도 될까요? …… 그럼, ○요일 ○시까지 찾아뵙도록 하겠습니다. 그리고 혹시, 제가 그날 가져가야 할 서류가 있을까요? …… 그럼, 말씀해 주신 서류들을 준비해서 ○요일 ○시까지 찾아뵙도록 하겠습니다. 안녕히 계세요.

2) 사전방문하기

사전방문 시 기관에 제출할 서류를 꼼꼼히 준비하고, 준비된 서류들은 비닐파일이나 서류봉투에 넣은 후 겉면에 학교 명, 실습생 학번과 이름을 모두 기입하는 것이 좋다. 방문 시에는 복장과 용모를 단정하게 하여 긍정적 인상을 주도록 할 수 있다. 그리고 필기도구를 준비하여 실습 유의사항 등을 기록하는 것이 좋다.

동일한 기관에 여러 명이 실습을 나가는 경우에는 같은 시간에 도착할 수 있도록 출발하는 것이 좋으며, 근처에서 모두 만나 같이 방문한다. 도착하기

1시간 전쯤에는 다시 한번 기관에 연락하여 선생님들이 사전방문을 재인지할 수 있도록 돕는 것이 좋다.

사전방문 재인지를 위한 전화 예

방문을 하여서는 마주치는 모든 교직원에게 밝은 표정으로 공손히 인사를 하고, 실습 지도교사가 알려 주는 실습 시 유의사항 등을 잘 기록해야 한다. 실습을 할 때 필요한 준비물이나 유의사항, 실습을 하게 되는 반 유아들의 연령과 교실 위치를 질의하고, 기록해 두는 것이 좋다.

3. 준비물

실습을 위한 준비물로는 이름표, 앞치마, 실습일지, 필기도구, 실내화(덧신), 개인용품 등이 필요하다.

이름표와 앞치마는 학교에서 제공해 주는 경우가 대부분이므로 학교에서 받아서 잘 챙겨 두는 것이 좋으며, 앞치마의 경우 주말 동안 깨끗이 세척하고, 주름이 가지 않도록 단정하게 관리하는 것이 좋다. 이름표는 앞치마의 왼쪽 가슴에 달아 두고, 실습 기간 동안 잘 착용하도록 해야 한다.

실습일지는 일반적으로 매일 작성해야 하는 것으로 대학에서 제공한 양식이나 실습기관의 양식을 사용할 수 있다. 일지 양식에 대해서는 사전방문 시나 실습 첫날 실습 지도교사와 논의하여 정하는 것이 좋다. 이후 실습 지도교사의 지시에 따라 실습 기간 동안 일지를 작성하고, 점검 및 날인받아야 한다.

필기도구는 앞치마 주머니에 들어갈 수 있는 정도의 작은 수첩과 볼펜을 준비하고, 이는 놀이기록이나 중요 공지사항 등을 적기 위함이다. 그리고 볼펜은 여러 가지 색이 한꺼번에 있는 볼펜 한 개를 준비하는 것이 보다 간편하고 유용하다. 그리고 수첩과 볼펜은 주로 앞치마 주머니에 넣어 두고, 필요시마다 꺼내어 사용할 수 있다.

실내화로는 대부분 덧신을 사용하는 경우가 많으나, 기관에 따라 다르니 사전방문 때 질의하거나 기관의 교사들을 살펴서 동일한 것으로 준비하는 것이 좋다. 또한 실내에서는 절대 맨발로 다니지 않도록 주의를 기울여야 한다.

그 밖에도 개인용품으로 칫솔과 도시락, 개인 컵 등을 준비할 수 있다. 개인용품의 준비와 사용에 대해서는 기관에 먼저 질의하고, 준비하는 것이 좋다.

제3장

실습생의 역할과 자세

이 장은 실습생의 역할과 자세에 대해 이해하도록 함으로써
실습에 임하는 태도를 기르는 것을 목표로 한다.

1. 일반적인 실습생의 역할과 자세
2. 실습 기간에 따른 실습생의 역할과 자세
3. 하루일과에 따른 실습생의 역할과 자세

1. 일반적인 실습생의 역할과 자세

실습을 하는 기관에 따라 중점을 두고 요구하는 교사의 역할과 실습생의 역할이 조금 다를 수 있다. 하지만 교육과학기술부(2009)에서 언급한 유아 교사의 역할에 기초하여 유아 교사의 일반적인 역할과 이에 따른 실습생의 역할을 살펴보면 다음과 같다.

1) 유아 교사의 일반적인 역할

교육과학기술부(2009)에서 제시한 유아 교사의 역할과 「2019 개정 누리과정」의 특성에 기초한 일반적인 역할은 다음의 8가지이다.

① 교육과정 운영자

유아 교사는 국가 수준의 유치원 교육과정을 이해하고, 유아 및 유아의 놀이를 이해하여 전문가적 판단을 통해 유아중심 · 놀이중심 교육과정을 운영해야 한다.

② 일과 계획 및 운영자

유아 교사는 연간, 월간, 주간 교육계획 및 이전 유아의 놀이와 교사의 놀이 지원 활동에 대한 평가에 근거하여 하루일과를 계획해야 한다. 이때 적절한 교재교구 및 환경구성도 계획해야 한다. 그리고 일과를 운영할 때는 유아의 반응과 요구 등을 고려하여 융통성 있게 운영해야 한다.

③ 상담자 및 조언자

유아 교사는 유아와 상호작용하면서 정서적으로 지지하고 지원해 주는 역할을 해야 한다. 또한 양육자를 대상으로도 전문가로서 상담하고, 조언을 해 주는 역할을 해야 한다.

④ 생활지도자

유아 교사는 유아가 기본 생활습관을 포함한 올바른 생활습관을 기를 수 있도록 안내하고 지원해야 한다.

⑤ 현장연구자

유아 교사는 놀이기록 등을 통해 유아 놀이와 발달을 연구하고, 제공된 교육환경이나 놀이, 활동 등이 유아 발달과 흥미에 적합한지 지속적으로 살피고 반성해야 한다. 또한 사회변화에 따른 새로운 이론이나 디지털매체 및 원격 활동 등을 유아 발달에 맞게 현장에 적용하기 위하여 노력해야 한다.

⑥ 행정업무 및 관리자

유아 교사는 각종 서류 작성 및 교재교구, 시설설비 관리를 충실히 해야 한다.

⑦ 의사결정자

유아 교사는 교실 및 기관에서 일어나는 일에 대해 전문적으로 판단하고 결정을 내리는 역할을 해야 한다. 유아교육 현장은 매우 불확실하고 역동적이다. 따라서 다양한 상황에서 최선의 결정을 신속히 내려야 한다.

⑧ 동료와의 협력자

유아 교사는 조직 내 동료들과 협력적인 관계를 형성하여 유아 교육의 질을 높이는 데 힘써야 한다.

2) 실습생에게 요구되는 역할

앞에서 살펴본 유아 교사의 일반적인 역할 중에서 실습생에게 주로 요구되는 역할은 다음과 같다.

① 현장연구자

실습생은 현장 전반에 대한 관찰 및 놀이기록을 통해 대학에서 배운 지식, 기술, 태도를 근거로 유아 발달 및 놀이 특성, 놀이 지원 방법 등을 연구할 수 있어야 한다.

② 동료와의 협력자

실습생은 기관 내 실습 지도교사 및 다른 구성원들의 업무 수행에 협력해야 한다.

③ 일과 계획 및 운영자

실습생은 기관에서 이미 정해 놓은 연간, 월간, 주간 교육계획을 이해하고, 이전 유아 놀이 상황과 실습 지도교사의 평가기록을 이해하여, 이에 따라 놀이 지원 방법과 활동을 계획하고 융통적으로 운영할 수 있어야 한다.

④ 상담자

실습생은 유아를 정서적으로 지지해 주고, 지원해 주어야 한다.

⑤ **생활지도자**

실습생은 실습 지도교사의 생활습관 지도 방식에 맞춰 유아들이 올바른 생활습관을 기르도록 안내하고 지도해야 하며, 올바른 모델링이 되도록 노력해야 한다.

표 3-1 유아 교사의 일반적인 역할과 실습생에게 요구되는 주된 역할

유아 교사의 일반적인 역할	실습생에게 요구되는 주된 역할
교육과정 운영자 일과 계획 및 운영자 상담자 및 조언자 생활지도자 현장연구자 행정업무 및 관리자 의사결정자 동료와의 협력자	현장연구자 동료와의 협력자 일과 계획 및 운영자 상담자 생활지도자

참고: 교육과학기술부 (2009).

3) 일반적인 실습생의 자세

실습생은 다음의 태도를 가지고 실습에 임해야 한다.

첫째, 유아를 존중하는 태도
둘째, 유아에게 올바른 모델링이 되려는 태도
셋째, 실습을 성실히 하는 태도
넷째, 근면하게 실습 관련 업무를 처리하는 태도
다섯째, 실습에 적극적인 태도
여섯째, 조직문화를 이해하며 공손하고 친절한 태도

실습에 임하는 자세 평가

아래 항목을 읽고, 자신의 생각을 솔직하게 평가하여 1~5점 점수 중 하나에 '○' 체크해 보세요.

번호	평가 항목	아니다 ⟶ 그렇다				
1	놀이중심 교육목표를 달성할 수 있는 교육내용을 유아의 흥미, 수준에 근거하여 적합하게 선정할 것이다.	1	2	3	4	5
2	유아의 흥미와 능력, 사전 놀이 경험을 잘 관찰하여 유아 지도 계획에 활용할 것이다.					
3	놀이에 기초한 교육활동이 적절하게 계획되고 성실하게 준비되어 실행에 무리가 없도록 할 것이다.					
4	놀이에 기초한 교육활동 계획에 따라 자료 준비를 충실히 할 것이다.					
5	유아의 행동을 민감하게 파악하며 상호작용에 최선을 다할 것이다.					
6	다양한 흥미영역에 고루 참여하여 유아의 놀이가 지속되고, 확장되도록 놀이를 촉진할 것이다.					
7	유아의 기본 생활습관이 형성되도록 동기를 잘 유발할 것이다.					
8	대·소집단활동 시 교사로서 다양한 교수법을 활용하여 효과적으로 활동을 이끌 것이다.					
9	유아의 부정적 정서나 갈등 상황을 잘 파악하여 긍정적으로 수용하고 적절하게 해결되도록 지도할 것이다.					
10	유아의 개별적 특성, 개인차를 고려하여 지도할 것이다.					
11	유아를 존중하는 언어를 사용하고, 유아가 잘 알아들을 수 있도록 어휘, 발음, 음성의 고저, 빠르기 등에 노력을 기울일 것이다.					
12	관찰기록지 및 실습일지의 내용과 평가 등을 성실히 기록할 것이다.					
13	유아의 안전, 위생, 건강에 각별히 신경을 쓸 것이다.					
14	유아의 낮잠, 간식, 점심, 배변활동, 이 닦기, 손 닦기, 옷 입기 등 일상생활을 유아 스스로 즐겁게 할 수 있도록 지도할 것이다.					
15	통풍, 채광, 정리정돈 등 청결한 실내환경을 위해 노력할 것이다.					
16	실습기관의 지도 방침에 적극 협력할 것이다.					
17	실습 지도교사와의 관계를 원만히 유지하며 성실히 임할 것이다.					
18	실습 동료들과 잘 협력할 것이다.					
19	유아의 놀이를 평가하여, 놀이 지원활동을 계획하고 적절히 운영하고자 관련 문헌이나 전문서적을 찾아보고 노력할 것이다.					
20	실습을 통해 교사로서의 전문성이 스스로 향상되도록 노력할 것이다.					
합계						

* 평가 결과를 토대로 부족한 자신의 태도를 점검하고, 새롭게 마음가짐을 가다듬어 보세요.

이 외에도 출근시간을 엄수하여야 하며, 근무 중 휴대전화 사용을 가급적 피하고, 실습일지 및 활동계획안 제출 시간을 엄수하는 것이 필요하다. 또한 용모와 복장을 단정히 해야 하며, 유아를 부를 때는 유아를 존중하여 "야!" "너!"라고 부르기보다는 유아의 이름을 부르려고 노력해야 한다.

실습생의 용모와 복장

- 일상생활 시 복장
  - 하의는 치마보다는 단정한 바지 정장이 적절하며, 길이가 긴 것보다는 발목 정도의 길이로 활동하기 편한 것이 좋음. 또한 바지의 품이 너무 타이트하지 않고, 활동이 편하도록 여유가 있는 것이 좋음.
  - 상의는 노출이 없으며, 단정한 것이 좋음. 구슬이나 끈 등이 늘어뜨려지는 옷은 유아의 안전에 좋지 않음.
  - 앞치마도 위생이나 구김 관리가 필요함.
- 현장체험활동(견학) 시 복장
  - 현장체험활동(견학) 시 유아의 안전을 위해 위급하게 대처하는 경우가 있을 수 있으므로 활동적인 복장이 좋음. 청바지나 운동화 차림이 좋으며, 찢어지거나 딱 붙는 청바지는 피하는 것이 좋음.
- 화장이나 장신구 관리
  - 등하원 시 부모님들을 마주 대할 수 있으므로 교사로서의 신뢰감을 주기 위해 지나친 화장은 피하는 것이 좋으며, 화려한 장신구도 유아의 안전에 좋지 않음.
- 머리 관리
  - 긴 머리를 늘어뜨리는 경우, 유아와의 상호작용에 장애가 되고, 교사의 시야를 가릴 수 있으며, 점심식사를 하는 기관에서는 위생적이기 어려움. 따라서 머리를 귀 뒤로 넘겨 단정히 묶는 것이 좋음.
- 휴대전화 관리
  - 일과 동안에는 일과에 집중하기 위해서 휴대전화의 전원을 꺼 두고, 가방 속에 넣어 두는 것이 좋음.

2. 실습 기간에 따른 실습생의 역할과 자세

실습 기간에 따라 주로 다음의 역할들이 주(主)가 된다.

실습 초반	• 관찰 –유아 놀이 관찰 및 놀이기록 –실습 지도교사의 역할 관찰 –유아와 실습 지도교사 간 상호작용 관찰 • 실습 지도교사 보조
실습 중반	• 활동 계획 및 운영 –단위활동 –연계활동
실습 마무리	• 하루일과 계획 및 운영 –All-day • 교재교구 제작 및 놀이 지도

[그림 3-1] **실습 기간에 따른 실습생의 역할**

[그림 3-1]과 같이 실습 초반에는 주로 실습생에게 관찰과 실습 지도교사의 보조 역할이 요구된다. 실습생이 관찰해야 할 대상은 다음의 세 가지이다. 첫째, 유아 놀이를 관찰하고 놀이를 기록하는 것이다. 이를 통해 실제 유아의 발달과 놀이를 이해할 수 있어 이후 유아 대상 활동을 계획하거나 상호작용할 때 효과적으로 수행할 수 있다. 둘째, 실습 지도교사의 역할을 관찰하는 것이다. 이를 통해 하루일과 속 실습 지도교사의 다양한 역할을 이해할 수 있어 이후 활동 운영 및 All-day 운영도 효과적으로 수행할 수 있다. 셋째, 유아와 실습 지도교사 간 상호작용을 관찰하는 것이다. 이를 통해 유아의 주의를 집중시키거나 유아의 생활 습관을 지도하기 위한 다양한 상호작용 방식을 이해하여 수행해 볼 수 있다. 그리고 실습 지도교사의 보조 역할을 위해서는 무

엇을 도와야 할지 먼저 물어봄으로써 효과적으로 수행할 수 있다.

실습 중반에는 활동을 계획하고 운영하는 역할이 요구된다. 실습생에게 요구되는 활동은 주로 단위활동과 연계활동이다. 이후 실습 마무리에는 하루일과를 계획하고 운영하는 역할이 요구되며, 유아 발달에 적합하고 놀이를 지원할 수 있는 교재교구를 제작하여 놀이를 지도하는 역할이 요구된다. 이러한 역할은 기관에 따라 조금씩 다를 수는 있다.

다음으로 실습 기간에 따라 실습생에게 요구되는 자세는 다음과 같다.

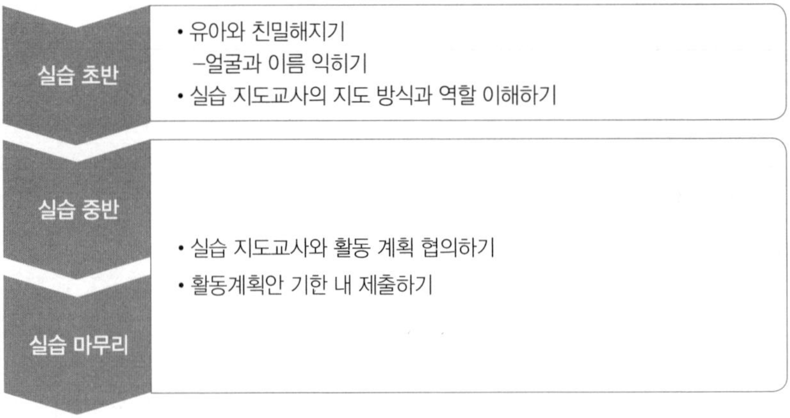

[그림 3-2] **실습 기간에 따른 실습생의 자세**

[그림 3-2]와 같이 실습 초반에는 유아와 친밀해지기 위해 노력하는 자세가 필요하다. 즉, 유아의 얼굴과 이름을 익히는 것이 필요하며, 이를 통해 이후 유아와의 상호작용이나 활동을 효과적으로 수행할 수 있다. 그리고 실습 지도교사의 지도 방식과 역할을 이해하려는 자세가 필요하다. 실습 지도교사가 유아들의 생활습관 지도를 위해 행하는 다양한 지도 방식과 놀이 지도를 위한 역할을 구체적으로 이해함으로써 유아들에게 혼란을 주지 않고 일관된 지도가 가능하다. 실습 중반과 실습 마무리에는 실습 지도교사와 활동계획과 관련하여 사전에 협의하는 자세가 필요하며, 활동계획안을 약속된 기한

내 제출하는 성실한 자세가 요구된다. 이를 통해 실습 지도교사는 유아들의 하루일과를 미리 사전에 인지함으로써 유아들이 안정적으로 하루일과를 지낼 수 있도록 지원할 수 있다.

3. 하루일과에 따른 실습생의 역할과 자세

하루일과에 따른 실습생의 역할과 자세는 주로 실습 초반을 염두에 둔 것으로 이를 미리 인지함으로써 실습 초반에 실습생들의 기관 적응을 도울 수 있을 것이다.

1) 등원 전

- 실습 지도교사에게 유아 등원 전 해야 할 일에 대해 질문하고, 하루일과 준비를 돕기
- 미세먼지 농도를 확인하고, 미세먼지가 없는 경우 교실 창문을 열어 환기시키기
- 교실을 둘러보고 교재교구를 점검하기

2) 등원 시

- 실습 지도교사를 따라 유아 맞이하기(지도교사의 인사법을 관찰하여 따라 하기)
- 도움을 요청하는 유아가 있는지 살피고, 지원하기(옷 벗고 정리하기 등)
- 가정의 전달사항(투약의뢰서, 편지 등)이 있는지 확인하고, 실습 지도교사

에게 알리기

3) 실내자유놀이

- 실습 지도교사의 특별한 요청이 있는 경우, 흥미영역 내 유아 놀이 지원
- 유아 놀이를 방해하지 않는 범위에서 상호작용하기
- 유아와 같은 눈높이에서 상호작용하기
- 한 영역에 오래 머물기보다는 여러 흥미영역을 돌아다니며 상호작용하기
- 항상 시선이 전체 유아를 향하도록 위치하기
- 유아의 요구가 있을 때 즉각적으로 반응하기
- 표정이나 태도(턱 괴고 있기, 멍하게 있기 등)를 주의하기
- 문제 상황이 발생한 경우, 즉각 실습 지도교사에게 알리기

4) 실내자유놀이 정리정돈

- 실습 지도교사가 언급한 정리정돈 시간을 인지하고, 유아에게 남은 놀이 시간을 알려 주어 정해진 시간 내 놀이가 잘 마무리되도록 지원하기
- 정리정돈 시작 사인과 함께 정리정돈을 지지하고, 필요에 따라서 적절한 지원하기
- 되도록 유아가 스스로 정리할 수 있도록 격려해 주기

5) 실외자유놀이

- 교실에서 실외로 이동 시, 교실에 남은 유아가 없는지 등을 점검하고 마지막으로 나가기

- 이동(계단 등)할 때 유아 안전에 주의를 기울이며 지도하기
- 실외에서 안전하게 놀이하는지 살피며, 놀이환경도 안전한지 함께 점검하기
- 항상 시선이 전체 유아를 향하도록 위치해야 하며, 안전관리에 중점을 두기
- 유아의 요구가 있을 때 즉각적으로 반응하여 지원하기
- 표정이나 태도(그늘에서 휴식, 교사들과 대화, 휴대전화 사용 등)를 주의하기
- 문제(위급) 상황이 발생한 경우, 즉각 실습 지도교사에게 알리기

6) 실외자유놀이 정리정돈

- 실습 지도교사의 정리 사인에 따라 유아가 놀잇감 정리 후 모이도록 지원하기
- 실외놀이터에 남은 유아가 없는지 확인하기
- 유아가 스스로 신발 정리를 하도록 격려하고 마지막 유아까지 확인하기 (도움을 요청한 경우 지원하기)
- 신발 정리 후, 차례 지켜 손을 깨끗이 씻을 수 있도록 격려해 주기

7) 대집단활동(참관)

- 대형의 좌우 뒤편에 앉아 실습 지도교사의 활동 운영에 부담되지 않도록 참관하기
- 유아가 활동에 집중하기 시작하면 수첩과 펜을 꺼내 기록하기
- 집중을 못하는 유아가 있는 경우, 옆으로 다가가 조용히 주의집중을 지원하기

- 실습 지도교사의 주의집중 방식이나 주요 발문을 기록하여 향후 자신의 활동 운영에 반영하기

8) 간식 및 점심식사

기관에 따라 교실에서 식사하는 경우, 식당에 모여 식사하는 경우 등 방식이 다르므로 실습 지도교사에게 간식 및 점심식사 시 해야 하는 역할을 미리 질문하는 것이 좋다. 또한 식사를 못하는 유아의 지도 방법에 대해서도 실습 지도교사에게 질문하고, 실습 지도교사의 지도 방식을 유심히 관찰하여 일관된 방식으로 지도 하는 것이 좋다.

- 유아와 함께 앉아 식사하면서 식사 태도의 올바른 모델링이 되도록 노력하기
- 유아가 바르게 식사할 수 있도록 격려하기
- 간식 및 점심에 나온 음식의 명칭과 영양에 대해 안내하기
- 식사 후 양치질 지원하기

9) 귀가 시

- 귀가 시 버스 탑승지도나 특별한 인계지도를 할 수 있으니, 실습 지도교사에게 해야 하는 역할을 미리 질문하고 안전과 관련한 것이므로 수첩에 기록하여 잘 숙지하고 정확하게 실천하기
- 유아가 기관에 올 때 집에서 가지고 온 소지품을 모두 챙겨서 다시 가져갈 수 있도록 도와주기
- 투약의뢰서가 있었던 경우, 투약보고서를 가져갈 수 있도록 도와주기

10) 귀가 후

- 교실 청소 및 교재교구 정리정돈하기
- 실습 지도교사의 오늘 일과 마무리 및 내일 일과 준비를 도와주기
- 기관에서 허락한 경우, 일지 작성 및 놀이기록 정리하기

11) 산책 및 현장체험활동(견학)

- 산책 및 현장체험활동(견학) 전날, 실습 지도교사에게 해야 할 일을 미리 질문하고 기록해 두기
- 산책 및 현장체험활동(견학) 시, 대열의 마지막에 위치해서 뒤처지는 유아가 없도록 관리하기
- 이동 공간이 바뀔 때마다 인원 확인을 수시로 하기
- 화장실 사용 등 유아의 요구가 있는 경우, 실습 지도교사에게 알리고 같은 요구가 있는 유아를 모아서 함께 도와주기

12) 기타

- 문제(위급) 상황 발생 시, 즉각적으로 실습 지도교사에게 알리고 교사의 지시에 따라 처리를 도와주기
- 가능한 유아를 직접 혼내기보다는 실습 지도교사에게 알리기

이러한 역할은 기관에 따라 조금씩 다를 수 있으므로 하루일과에 따른 구체적 역할을 그때 그때 실습 지도교사에게 질문하여, 기관의 교육철학에 맞게 역할을 수행하는 것이 적합하다.

제4장

유아와의 상호작용 방법

이 장은 유아 발달에 따른 상호작용 방법을 이해하도록 함으로써
유아와의 상호작용 능력을 기르는 것을 목표로 한다.

1. 유아 발달에 따른 상호작용
2. 문제 상황 시 상호작용

1. 유아 발달에 따른 상호작용

1) 유아 발달 특성

유아기 언어 발달 특성은 3세 이상이 되면 듣기와 말하기에 있어서 여러 문법적 규칙을 이해하고, 조사를 사용하며 형용사와 부사를 포함하는 복합적 문장을 사용하게 된다. 또한 읽기를 즐겨, 일상생활 속 반복되는 글자에 관심을 보이고, 아는 글자를 찾아 읽는 것에 관심을 보인다. 그리고 4~5세 정도가 되면 익숙한 글자에 대한 쓰기를 즐기고, 말이 글로 옮겨지는 과정에 관심을 갖는다.

뇌 발달 특성상 3세 이상이 되면 논리적 사고력을 포함한 인지 발달이 급격히 이루어지고, 언어적 상호작용을 단순히 즐거움이 아닌, 학습적 측면에서 시도한다. 따라서 인지적 호기심에 의한 질문이 많아지고, 질문에 대한 답을 듣고자 한다. 또한 단순 기억과 이해를 넘어 보다 복잡한 상황 등에 대한 기억과 이해가 가능하며, 논리적 · 창의적 사고가 가능하게 된다. 유아기는 전조작기이지만 영아기와 마찬가지로 감각운동적 경험을 기초로 한 논리적 · 창의적 사고를 통해 전조작기 사고의 오류를 줄이고, 보다 효과적으로 인지 발달을 도모할 수 있다. 또한 변연계를 기반으로 대뇌피질이 발달하므로 모든 인지적 경험에 있어서 기초적으로 긍정적 정서경험이 함께 수반되어야 하는 매우 중요한 시기라고 할 수 있다.

사회정서 발달 측면에서도 영아기와 마찬가지로 여전히 양육자와의 안정적 애착 형성과 교사와의 2차 안정적 애착 형성이 중요한 시기이다. 그리고 연합놀이, 협동놀이 등 또래와의 상호작용이 가능해져 사회적 관계 속에서 주도성과 죄의식의 균형을 경험하면서 자아존중감의 토대를 형성하는 시기라고 할 수 있다.

2) 유아와의 상호작용 방법

유아의 발달 특성을 고려한 상호작용 방법은 다음과 같다.

첫째, 문해환경을 고려한 상호작용

이 시기는 익숙한 글자에 대해 읽기, 쓰기를 즐기는 시기이므로 유아 주변에 풍부한 문해환경을 제공하는 것이 중요하다. 또한 유아에게 동화책을 읽어 주거나 글자를 제시할 때 아는 글자를 손으로 짚어 주고, 유아가 말로 표현한 것을 글로 받아 적어 주는 등의 경험을 제공하는 것도 매우 중요하다.

둘째, 인지적 발달을 고려한 상호작용

이 시기는 단순히 즐거움을 위한 상호작용이라기보다는 인지적 학습의 목표를 둔 상호작용을 하는 시기이므로 인지적 호기심에 의한 질문이 많아지고, 창의적 사고나 논리적 사고를 즐기는 시기라고 할 수 있다. 따라서 유아의 인지적 사고 수준을 확인하고, 이를 확장시키는 발문을 함으로써 상호작용을 통해 효과적으로 유아의 인지적 발달을 이끌 수 있다. 수렴적 발문을 통해 현재 유아의 인지적 사고 수준을 파악할 수 있으며, 사고의 확장을 위해서는 확산적 발문을 활용할 수 있다.

확산적 발문(개방적 발문)	수렴적 발문(폐쇄적 발문)
• 질문에 대한 답이 하나로 국한되지 않음 • 유아의 창의적 사고를 증진할 수 있음 • 예) 나비의 생김새를 보고, 이름을 지어 준다면 어떻게 지을 수 있을까?	• 질문에 대한 답이 있음 • 현재 유아의 인지 발달 수준을 점검할 수 있음 • 예) 나비가 날 수 있는 것은 무엇 때문일까?

또한 다음의 인지적 목적을 둔 상호작용을 활용할 수 있다.

① 기억하기: 작업기억과 관련하여 앞서 언급된 단순 사실이나 정보를 기억해 낼 수 있으며, 더 나아가 보다 복잡한 상황이나 장기기억된 사실을 기억해 내도록 상호작용할 수 있다.

② 이해하기: 감각적으로 직접 경험한 것에 대한 단순 감각적 특징 등을 이해하고 말해 볼 수 있으며, 점차 보다 복합적 특징이나 사실 등을 이해해 보도록 상호작용할 수 있다.

③ 적용(변화)하기: 이해한 것을 토대로 다른 상황 등에 전이, 적용해 보도록 상호작용할 수 있다.

④ 분석하기: 이해하고 있는 여러 가지를 관련지어 공통점과 차이점을 생각해 보도록 상호작용할 수 있다.

⑤ 창조하기: 알고 있는 사실을 종합하여 새로운 것을 창조해 보도록 상호작용할 수 있다.

⑥ 평가하기: 이해하거나 창조한 것에 대한 가치판단이나 가능성, 문제점 등을 판단해 보도록 상호작용할 수 있다.

인지적 목적을 둔 상호작용 예

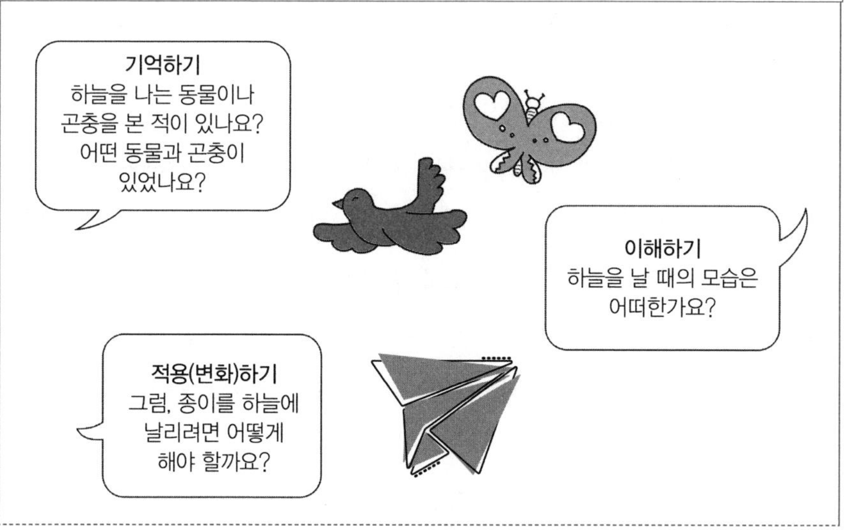

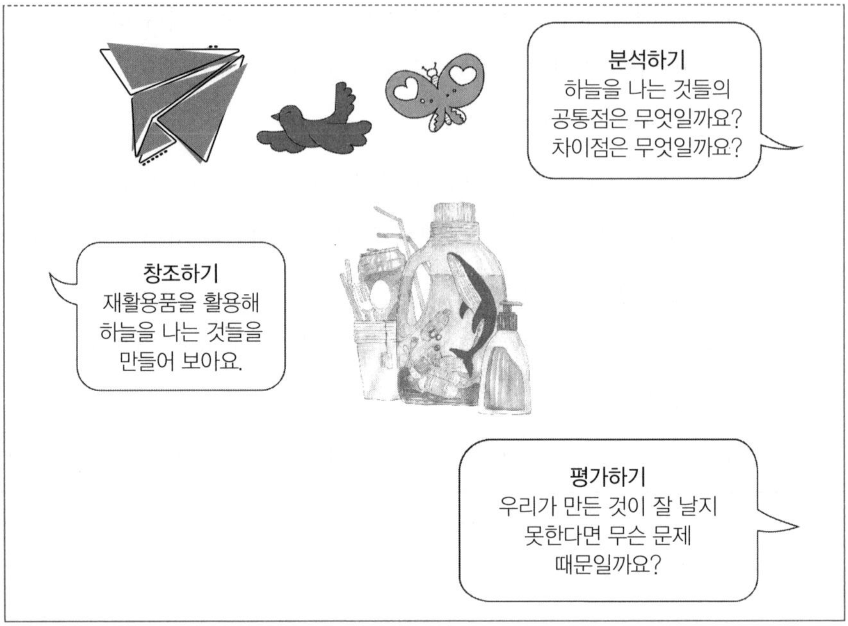

셋째, 오감각적 경험을 활용한 상호작용

이 시기는 전조작기 사고의 오류로 인해 영아기와 마찬가지로 여전히 오감각적 경험이 중요하다. 따라서 실제 보고, 만지고, 느끼는 경험과 함께 앞에서 살펴본 인지적 목적을 둔 상호작용을 해 주는 것이 필요하다.

넷째, 긍정적 정서를 고려한 상호작용

영아기와 마찬가지로 상호작용하는 동안 양육자나 교사로부터 긍정적 정서표현을 경험하도록 하는 것이 중요하다. 따라서 양육자나 교사의 말투나 표정에서 애정어린 표현이 느껴지도록 주의해야 한다.

만약, 유아가 잘못된 발음을 하거나 문장을 잘못 구사하는 경우, 엄격하게 지적하기보다는 교사가 유아의 말을 정리하면서 정확한 발음과 정확한 문장으로 다시 들려주는 상호작용 노력이 필요하다. 또한 유아가 대답하기 어려운 질문을 한 경우에도 당황한 모습을 보이기보다는 유아에게 왜 그것이 궁금했는지, 그리고 유아의 생각은 어떤지 질문하며 함께 알아 가려고 하는 탐구적 태도를 보이는 것이 좋다.

2. 문제 상황 시 상호작용

문제 상황이 발생하면 즉각적으로 실습 지도교사에게 알리는 것이 중요하며, 실습 지도교사의 지시에 따라 처리를 도울 수 있다. 하지만 만약 부득이하게 실습생이 문제 상황을 처리해야만 하는 경우에는 다음의 순서로 상호작용할 수 있다.

① 공감하기

문제 상황이 발생한 경우, 유아의 감정 조절이 안 된 상태이므로 가장 먼저 유아의 감정에 공감해 주고 감정을 다독여 주는 것이 필요하다. 유아가 감정을 표현하지 못하도록 자제시키는 것은 좋지 못하고, 유아의 감정을 읽어 줌으로써 유아가 자신의 감정을 인식하도록 도와주어야 한다. 그리고 유아를 안아 주거나 등을 토닥거리며 유아가 감정을 조절하도록 도와야 한다.

② 상황 파악하기

유아의 감정이 누그러지면, 관련 유아 모두에게 동등하게 무슨 상황이었는지 들어 보아야 한다. 함께 있었던 다른 유아의 이야기를 참고할 수도 있다.

③ 감정이입하기

문제가 일어난 상황에서 서로의 입장이 되어, 상대 유아가 어떤 감정이었을지 생각해 보도록 기회를 주고, 서로의 감정을 이해하도록 해야 한다.

④ 관련 규칙과 친사회적 행동을 상기하도록 하기

문제 상황과 관련한 교실 내 규칙이 무엇이 있고, 관련한 친사회적 행동이 무엇이 있는지 생각해 보도록 한다. 그리고 어떻게 행동했으면 좋았을지 이야기해 보도록 한다. 이때 즉각적으로 답하기 어렵다면, 타임아웃 기법을 활용해 유아에게 생각해 볼 시간을 줄 수도 있다.

⑤ 다음 행동에 대해 약속하기

다음에 유사한 문제 상황이 발생하면 어떻게 행동할지 약속한다.

문제 상황 지도 연습

〈문제 상황〉

실내자유놀이 시간에 언어영역에서 지수가 책 여러 권을 꺼내 자신의 옆에 두고,
그중에 한 권을 읽고 있었어요.
희진이가 언어영역에 와서 지수 옆에 놓인 책 중 하나를 보려고 조용히 가져가서 읽고 있었어요.
지수가 뒤늦게 자신이 꺼내 놓았던 책을 희진이가 읽고 있음을 알아차리고,
희진이가 보던 책을 뺏으려고 했어요.
그러자 희진이는 보던 책을 뺏기지 않으려고 서로 책을 잡고 싸우고 있어요.

어떻게 지도하면 좋을까요?

효과적 타임아웃(time-out) 실천하기

- **학기 초 타임아웃 방법에 대한 안내**
  - –타임아웃의 필요성과 방법에 대한 안내 및 교사의 시범 보이기
  - –타임아웃 사용은 유아 스스로 화가 났을 때 자발적으로도 사용 가능함을 알려 주기
  - –타임아웃을 받고 있을 때, 다른 유아들의 태도에 대해서도 이야기 나누기
    (예: 생각하는 시간을 방해하지 않기)

- **타임아웃 시간**
  - –유아의 나이에 적절한 시간 운영(3세의 경우 3분, 1년씩 1분 증가)
  - –유아 스스로 시간 확인이 가능하도록 근처에 타이머를 두기

- **타임아웃 동안 생각할 내용**
  - –잘못된 행동이 무엇이고, 그 상황에서 어떻게 행동했어야 했을지 생각하기
  - –관련 규칙이나 친사회적 행동 생각하기
  - –호흡 조절, 눈 감고 생각하기 등을 통해 정서 조절하기

- **타임아웃 장소**
  - –고립된 장소가 아닌, 교실 내 위치 확인이 가능한 조용한 장소

- **타임아웃 마무리**
  - –교사는 유아가 생각한 결과를 들어 주고, 따뜻하게 안아 주기

출처: 양수영 (2018). **영유아 건강교육**. 학지사.

제5장

놀이에 기초한 활동계획 방법

이 장은 「2019 개정 누리과정」에 기초하여 유아중심·놀이중심 교육과정을 운영하기 위한 교사의 활동계획이 어떤 의미를 갖고 있으며, 활동을 어떻게 계획해야 하는지를 중심으로 교육계획의 의미와 원리의 이해를 목표로 한다.

1. 「2019 개정 누리과정」에 기초한 활동 지도
2. 연간 교육계획
3. 월간 교육계획
4. 주간 교육계획
5. 일일 교육계획

1.「2019 개정 누리과정」에 기초한 활동 지도

1) 국가 수준 교육과정으로서 유치원 교육과정

국가 수준 교육과정이란, 국가가 주체가 되어 제정 · 개정하고 고시하는 교육과정을 의미한다. 국가가 고시하는 교육과정은 유치원을 포함한 학교에서 교육과정을 편성 · 운영할 때 필요한 공통적이고 일반적인 기준을 제시한다. 이와 동시에 지역 및 기관 수준, 그리고 학급(반) 및 학습자 개인 수준의 다양성도 존중한다. 따라서 국가 수준 교육과정은 국가에서 일방적으로 만들어서 '주어지는 교육과정'이 아니라 교육을 직접 실천하는 각 학교 수준에서 공통적이고 일반적인 기준에 기초하여 편성 · 운영하는 '만들어 가는 교육과정'이라고 할 수 있다.

유치원 교육과정은 1969년 최초로 국가 수준 교육과정으로 제정, 공포된 이후 여러 차례의 개정을 거쳐「2007 개정 유치원 교육과정」으로 이어졌고, 2007년에는 표준보육과정도 최초로 고시, 시행되었다. 이후 유치원에서는 유치원 교육과정을, 어린이집에서는 표준보육과정을 운영하였으나, 이원화된 운영체제를 정비해야 할 필요성이 제기되었다.

이에 공통과정으로서「5세 누리과정」을 2011년 제정고시하여, 2012년 3월부터 유치원과 어린이집에 다니는 모든 5세 유아에게 공통으로 시행하였다. 그리고 유치원과 어린이집에 다니는 5세 유아의 학비 · 보육료 지원을 전 계층으로 확대하였다. 이는 유아교육과 보육 내용을 통합하여 교육과정을 일원화한 것이며, 유아교육 · 보육에 대한 국가의 책임을 강화하기 위한 것이다.

이후 유아교육 · 보육에 대한 국가 책임을 더욱 강화하고자 국가는 누리과정 적용 대상을 5세에서 3~4세 유아까지 확대하였다. 이에 따라 유치원과 어린이집에 다니는 3~5세 유아를 위한 교육 · 보육과정을 통합한 '공통과정'인 「3~5세 연령별 누리과정」이 고시되어, 2013년 3월부터 시행되었다.

이후 교육부는 2017년 12월 '유아교육 혁신방안'을 발표하였고, 주요 내용으로 '유아가 중심이 되는 놀이 위주의 교육과정 개편'이 명시되었다. 이에 유아중심 · 놀이중심 교육과정 개편 방향을 반영하여 2019년 7월, 「2019 개정 누리과정」이 고시되었다. 「2019 개정 누리과정」은 유치원과 어린이집에 다니는 3~5세 유아에게 공통으로 적용되는 교육과정으로 2020년 3월부터 시행되었다.

2) 「2019 개정 누리과정」의 배경

① 미래 사회에 적합한 인재 양성

4차 산업혁명 시대 국내외 교육과정은 역량을 중심으로 미래 사회에 부응하는 방향으로 나아가고 있다. 미래 사회는 지식이 많은 사람보다는 지식을 잘 활용할 수 있는 사람을 필요로 하며, 자연과 생명을 존중하며 다른 사람과 함께 살아가는 바른 인성을 갖추고, 창조적 사고로 지속 가능한 사회를 만들어 갈 수 있는 역량을 갖춘 사람을 필요로 한다. 이에 「2019 개정 누리과정」에서는 새로운 시대의 요구에 따라, 교육내용을 간략화하고 유아가 주도하는 놀이를 통해 자기주도적 배움이 구현될 수 있도록 유아중심 · 놀이중심 교육과정으로 나아가고자 하였다.

② 「3~5세 연령별 누리과정」의 운영상 한계

공통과정으로 「5세 누리과정」부터 「3~5세 연령별 누리과정」은 유아교육 특성상 교과서가 없어 교육적 편차가 클 수밖에 없는 한계를 극복하고 생애 초기 출발선 평등과 양질의 교육 보편화를 목적으로 국가가 그 교육의 책임을 강화하고자 하였다. 이에 따라 보편적으로 정해진 생활 주제에 기초해 연령별 교육내용이 세분화되었고, 교사용 지도서가 개발 보급되었다.

하지만 그 의도와 다르게 현장에서는 생활 주제에 따라 교사가 미리 교육을 계획하고, 교사용 지도서에 의존하여 획일적 교육이 이루어졌으며, 유아들의 자유놀이 또한 교사의 계획에 따라 운영되었다. 이러한 운영에서 유아의 흥미나 요구 등은 교육에 반영되기 어려웠으며, 유아의 능동적 자유놀이 또한 보장되기 어려웠다. 따라서 교육과정이 유아중심으로 운영되기보다는 교사중심으로 운영되는 한계점이 나타났다.

「3~5세 연령별 누리과정」의 주요 특성

• 생활 주제에 따른 교육과정 계획 및 운영

생활 주제는 Bronfenbrenner의 생태학적 체계이론과 유아의 보편적 발달 특성 및 보편적 일상 경험을 고려하여 유아에게 의미 있고 가치 있는 내용을 개념의 조직체로 구성한 것임. 이를 통해 초등 연계교육을 위한 교육개념을 조직화하고 체계화할 수 있는 장점이 있음.

유치원과 친구
나와 가족
우리 동네
동식물과 자연
건강과 안전
생활도구
교통기관
우리나라
세계 여러 나라
환경과 생활
봄 여름 가을 겨울

[생활 주제]

• 교사용 지도서에 의존한 획일적 교육과정 운영

교사용 지도서는 교사들에게 국가 수준 교육과정의 목표와 내용에 따른 실제 수업의 방향을 제시해 주는 것으로 초·중등 교육과정의 교과서 역할을 함.

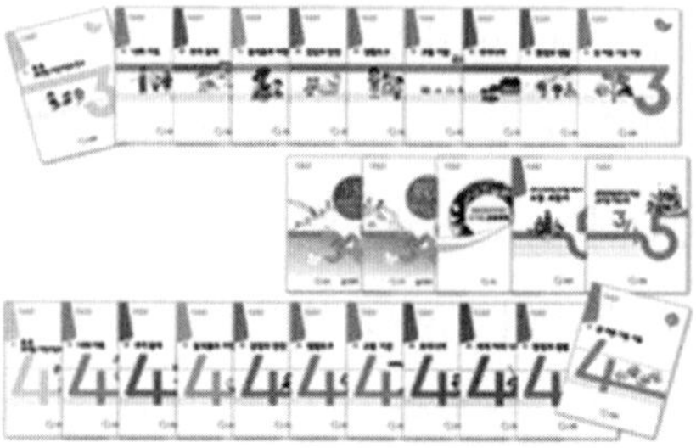

[교사용 지도서]

3) 「2019 개정 누리과정」의 주요 내용

「2019 개정 누리과정」은 유아가 중심이 되는 놀이 위주의 교육과정으로 개편한다는 목적에 따라 유아중심, 놀이중심 교육과정이 개편의 중점 방향이 되었다. 이에 따른 교육과정의 주요 내용은 다음과 같다.

① 계획중심 교육과정 운영 개선

놀이를 통한 배움이 일어나도록 하기 위해서는 교사의 계획에 따른 운영, 평가의 과정에서 변화가 필요하다고 여겼다. 이에 따라 가장 먼저 교사가 유아의 자유놀이를 관찰하여 평가하고, 놀이기록에 기초해 놀이 지원 방안을 계획하여 운영하는 과정으로 개선이 되었다. 따라서 교사는 놀이를 통한 배움이 일어나도록 유아의 놀이를 관찰하여 놀이의 의미와 한계점 등을 파악하고, 놀이 경험을 교육과정 5개 영역과 연결 지어 이해할 수 있어야 한다. 이후, 놀이 지원을 위한 활동 등을 계획하여 운영할 수 있다. 이를 통해 유아중심, 놀이중심 교육과정을 실현할 수 있다.

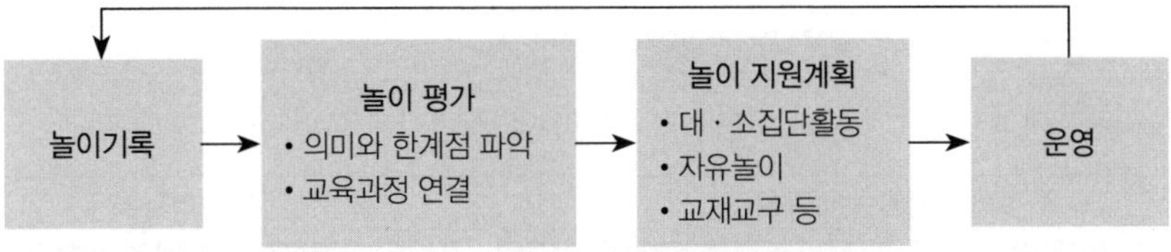

[그림 5-1] **놀이중심 교육과정 운영 절차**

② 자유선택활동이 아닌, 자유놀이로 변화

과거 자유선택활동은 교사가 놀이시간의 놀이 또한 이미 계획하여 제안한 것을 유아가 선택하는 것이었다면,「2019 개정 누리과정」에서 언급하는 자유놀이는 유아의 주도성을 보다 강조한 것으로 유아의 주도적인 놀이를 격려하고 보장하는 방향으로 변화하였다.

③ 충분한 놀이 시간 확보

바깥 놀이를 포함하여 유아가 자유롭게 놀이할 수 있는 시간을 충분히 편성 · 운영할 것을 제안하였다. 즉, 유아가 몰입하여 놀이를 즐길 수 있도록 여유 있게 시간을 확보하여 일과를 운영하는 것으로 놀이 시간을 짧게 여러 번 제공하기보다 한 번에 1시간 이상으로 편성하여 놀이의 흐름이 끊기지 않도록 해야 한다. 하루일과에 바깥 놀이를 포함하여 놀이 시간을 2시간 이상 확보하되, 날씨와 계절, 기관의 상황, 유아의 관심사와 놀이 특성 등을 고려하여 융통성 있게 편성 · 운영할 수 있다.

④ 교육내용 간략화(대강화)

「3~5세 연령별 누리과정」의 과다한 세부 교육내용을 교육과정 대강화 경향에 따라 간략화하자는 요구에 부합하고자 하였다. 교육과정 대강화의 목적은 교과 지식을 적정화하여 학습자의 학습 부담을 줄이고, 학습 경험의 질을 개선하는 것이다. 이를 반영하여「3~5세 연령별 누리과정」에서 제시하였던 369개의 세부 교육내용을 총 59개의 내용으로 간략화하였다.

교육내용 간략화(대강화) 예시

「3~5세 연령별 누리과정」과 「2019 개정 누리과정」의 의사소통영역의 교육내용을 비교하면 다음과 같다.

3~5세 연령별 누리과정

내용범주	내용	세부내용		
		3세	4세	5세
말하기	낱말과 문장으로 말하기	친숙한 낱말을 발음해 본다.	친숙한 낱말을 정확하게 발음해 본다.	정확한 발음으로 말한다.
		새로운 낱말에 관심을 가진다.	다양한 낱말을 사용하여 말한다.	다양한 낱말을 사용하여 상황에 맞게 말한다.
		일상생활에서 일어나는 일들을 간단한 문장으로 말한다.	일상생활에서 일어나는 일들을 간단한 문장으로 말한다.	일상생활에서 일어나는 일들을 다양한 문장으로 말한다.
	느낌, 생각, 경험 말하기	자신의 느낌, 생각, 경험을 말해본다.	자신의 느낌, 생각, 경험을 말한다.	자신의 느낌, 생각, 경험을 적절한 낱말과 문장으로 말한다.
			주제를 정하여 함께 이야기를 나눈다.	주제를 정하여 함께 이야기를 나눈다.
			이야기를 지어 말한다.	이야기를 지어 말하기를 즐긴다.
	상황에 맞게 바른 태도로 말하기		듣는 사람의 생각과 느낌을 고려하여 말한다.	듣는 사람의 생각과 느낌을 고려하여 말한다.
		상대방을 바라보며 말한다.	차례를 지켜 말한다.	때와 장소, 대상에 알맞게 말한다.
		바르고 고운 말을 사용한다.	바르고 고운 말을 사용한다.	바르고 고운 말을 사용한다.
읽기	읽기에 흥미 가지기	주변에서 친숙한 글자를 찾아본다.	주변에서 친숙한 글자를 찾아본다.	주변에서 친숙한 글자를 찾아 읽어 본다.
		읽어 주는 글의 내용에 관심을 가진다.	읽어 주는 글의 내용에 관심을 가진다.	읽어 주는 글의 내용에 관심을 가지고 읽어 본다.
	책 읽기에 관심 가지기	책에 흥미를 가진다.	책 보는 것을 즐기고 소중하게 다룬다.	책 보는 것을 즐기고 소중하게 다룬다.
		책의 그림을 단서로 내용을 추측해 본다.	책의 그림을 단서로 내용을 이해한다.	책의 그림을 단서로 내용을 이해한다.
			궁금한 것을 책에서 찾아본다.	궁금한 것을 책에서 찾아본다.
쓰기	쓰기에 관심 가지기	말을 글로 나타내는 것에 관심을 보인다.	말이나 생각을 글로 나타낼 수 있음을 안다.	말이나 생각을 글로 나타낼 수 있음을 안다.
		자기 이름의 글자에 관심을 가진다.	자기 이름을 써 본다.	자신의 이름과 주변의 친숙한 글자를 써 본다.
			자신의 느낌, 성격, 경험을 글자와 비슷한 형태로 표현한다.	자신의 느낌, 생각, 경험을 글자와 비슷한 형태나 글자로 표현한다.
	쓰기 도구 사용하기		쓰기 도구에 관심을 가지고 사용해 본다.	쓰기 도구의 바른 사용법을 알고 사용한다.

2019 개정 누리과정

내용범주	내용
읽기와 쓰기에 관심 가지기	말과 글의 관계에 관심을 가진다.
	주변의 상징, 글자 등의 읽기에 관심을 가진다.
	자신의 생각을 글자와 비슷한 형태로 표현한다.
책과 이야기 즐기기	책에 관심을 가지고 상상하기를 즐긴다.
	동화, 동시에서 말의 재미를 느낀다.
	말놀이와 이야기 짓기를 즐긴다.

⑤ 교사의 자율성 강조

교사의 자율성이 강조되는 이유는 유아의 놀이가 예측하기 어렵고, 상황에 따라 다양하게 일어나므로, 교사가 유아의 놀이를 통한 배움을 최대한 지원하기 위해서는 자율성을 기반으로 상황에 적합한 판단을 해야 하기 때문이다. 그리고 효과적인 교육과정 운영을 위해 교사의 자율성은 교사의 교육적 판단 능력을 전제로 한다. 따라서 교사 양성과정의 예비교사교육과 현직교사교육의 중요성이 더욱 강조된다.

또한 교사의 자율성 보장을 위해 계획안을 각 기관의 실정에 따라 자율적으로 작성할 수 있도록 하였다. 그동안 당위적이고 형식적으로 작성했던 연간, 월간, 주간, 일일 계획안의 형식과 내용을 개선하여 다양한 방식으로 계획안을 작성할 수 있다.

⑥ 흥미영역 운영 방식의 자율화

유아가 주도하는 놀이가 활성화될 수 있도록 흥미영역의 운영 방식을 자율화하였다. 기존에 고정된 흥미영역의 개수, 유형, 운영 방식 등을 자율적으로 개선하여 유아의 자유로운 놀이가 가능하도록 제안하였다.

4) 「2019 개정 누리과정」의 한계

「2019 개정 누리과정」은 유아의 놀이에서 교육이 시작되어야 한다는 점에서 여러 가지 운영상의 한계점이 있지만, 그중에 가장 큰 한계점은 유아들의 주도적 놀이가 놀이이론의 잉여에너지이론이나 휴식이론에 근거하여 모든 놀이가 교육적 의미를 갖지 않을 수 있다는 점이며, 오랜 시간 동안 똑같은 놀이가 지속되어, 초등 연계교육이 어려울 수 있다는 점이다. 따라서 이러한 한계점을 극복하기 위해서는 교사의 계획이 필요하다고 할 수 있다. 다만, 계획을 하되 유아의 놀이나 흥미 등을 반영하여 융통성 있게 만들어 가는 노력이 요구된다. 이에 「2019 개정 누리과정」의 취지와 목적에 맞는 연간, 월간, 주간, 일일 교육계획의 방향과 주요 내용을 살펴보면 다음과 같다.

2. 연간 교육계획

연간 교육계획은 초등 연계교육을 위하여 유아의 발달과 보편적 경험에 기초해 유아가 꼭 배워야 할 것을 미리 교육개념 위주로 조직한 것으로 '교육'의 본질을 추구하도록 돕는다. 연간 교육계획 시 중요한 것은 과거 생활 주제와 같은 교육개념의 조직체를 구성하는 것으로써 「2019 개정 누리과정」과 관련하여서는 생활 주제에 기초해 유아의 놀이 경험과 관련한 놀이 주제를 구성할 수 있다. 놀이 주제를 구성할 때는 다음을 고려해야 한다.

- 유아의 연간 보편적 일상 경험
- 유아의 보편적 발달 특성
- 교육과정의 영역별 교육내용
- 기관의 교육철학

연간 교육계획안 예시

월	놀이 주제	교육적 의미	월	놀이 주제	교육적 의미
3	즐거운 유치원	유치원과 교실에 적응하며 안정감, 기대감을 가지고 생활하며 즐겁고 안전한 생활을 위한 규칙과 약속을 안다.	9	자랑스런 우리나라	추석의 의미를 알고 우리나라의 생활과 놀이 및 문화에 관심을 가진다.

4	소중한 동식물	봄이 되면 변화하는 것들은 무엇이 있는지 알아보고 동식물과 자연에서 더불어 생활함에 관심을 가진다.	10	알록달록 가을	가을 날씨의 변화를 알아보고 가을이 되어 변화하는 식물의 변화에 관심을 가진다.
5	행복한 우리 가족	내 몸의 각 부분 명칭과 기능에 관심을 갖고 내 몸의 소중함을 알며, 가족 구성원을 알고 하는 일에 관심을 가진다.	11	고마운 교통기관	여러 가지 교통기관에 관심을 가지고 교통기관의 역할과 안전한 교통생활의 규칙을 안다.
6	우리 동네 구경	우리 동네의 모습과 생활에 관심을 가지며, 우리 동네의 다양한 사람들의 하는 일에 관심을 가진다.	12	추운 겨울	겨울 날씨의 변화를 알고 건강하게 보낼 수 있는 방법을 실천하며 우리 주변의 도움이 필요한 이웃에 관심을 가진다.
7	신나는 여름	여름 날씨의 변화를 알고 여러 가지 여름놀이와 물놀이를 신나게 해 보며 물의 특성에 관심을 가진다.	1	편리한 생활도구	다양한 생활도구의 종류와 기능을 알아보고 기계에 관심을 가지며 안전하게 사용해 보고 여러 가지 미디어에 관심을 가진다.
8	건강하게 지내요	건강을 위해 규칙적으로 생활해야 함을 알고 적당한 운동과 휴식의 필요성에 관심을 가지며 주변을 깨끗이 하는 습관을 가진다.	2	안녕, 친구들	나의 성장에 관심을 가지며 친구들과의 시간을 소중히 여기며 졸업의 의미에 관심을 가진다.

연간 교육계획을 통해 유아에게 놀이에 기초한 균형적 발달과 교육이 이루어지도록 지원할 수 있다.

3. 월간 교육계획

월간 교육계획에서는 연간 교육계획에 기초하여 한 달간의 놀이 주제를 경험하고, 놀이를 통한 배움이 일어날 수 있도록 지원하는 실내외 자유놀이와 대·소집단활동을 계획할 수 있다. 이때 유아의 경험이 다양하고 균형적으로 이루어질 수 있는지 고려하여야 한다.

월간 교육계획안 예시

■ 놀이 주제: 알록달록 가을

활동 \ 주		1주	2주	3주	4주
주제		가을의 날씨와 풍경	풍성한 가을	가을 단풍과 낙엽	우리들의 가을동산
자유놀이	쌓기놀이 영역	• 가을 옷 가게 만들기		• 가을 나무 만들기	• 가을 동산 만들기
	역할놀이 영역	• 가을 옷 가게 놀이		• 허수아비 놀이	• 나들이 가기
	언어영역	• 가을 관련 동화 읽기	• 책에서 가을 열매와 곡식 찾기 • 가을을 나타내는 의성어 알기	• 가을의 소리 듣고 말하기 • 동화 〈페르디의 가을나무〉 읽기	• 동화 〈안녕, 가을〉 듣고 순서대로 말하기 • 가을 책 만들기
	수·조작 영역	• 가을 옷 패턴 꾸미기	• 가을 열매 바느질하기	• 나뭇잎 크기대로 놓아보기	• 주사위 던져 나무 물들이기 게임
	과학영역	• 절구로 가루 만들기	• 가을 열매 관찰하기	• 반쪽 나뭇잎 찾기	• 가을 동산 관찰하기
	미술영역	• 한지로 꾸미기	• 가을 열매 콜라주 꾸미기	• 손수건에 가을 물들이기	• 솔방울 인형 만들기
	음률영역	• 노래에 맞추어 북치기	• 곡물 레인메이커 만들기	• 낙엽 소리 악기 찾기	• 가을 노래 감상하기
대·소 집단활동	이야기 나누기	• 가을에 알맞은 옷차림 알기	• 가을이 되어 달라지는 것 알기 • 가을 열매로 만든 음식 알기	• 가을 낙엽 특성 알기	• 가을 동산 특성 알기
	동화 동시 동극		• 동화 〈옷 갈아입어야겠다!〉	• 동극 〈옷 갈아입어야겠다!〉	• 동시 〈가을은 요술쟁이〉
	조형 미술		• 김홍도 〈벼 타작〉 • 곡식 만다라 꾸미기	• 가을꽃 리스 만들기	• 가을 나무 만들기
	음률	• 새 노래 〈추석날〉	• 새 노래 〈가을〉	• 비발디 〈사계〉 중 '가을'	• 새 노래 〈허수아비 아저씨〉
	신체 표현 게임	• 가을 바람이 되어 보기	• 데굴데굴 도토리 되어 보기	• 나뭇잎 되어 보기	
	과학		• 도토리 묵 만들기		
실외활동		• 가을 바람 만나기	• 도토리 팽이 만들기	• 나무의 소리 들어보기	• 가을 공원 산책하기

※ 위 계획은 계절, 기후, 유아의 흥미에 따라 변동이 있을 수 있습니다.

4. 주간 교육계획

주간 교육계획에서는 월간 교육계획에 기초하여 한 주간의 주제를 경험하도록 지원하는 실내외 자유놀이와 대·소집단활동을 구체적으로 계획할 수 있다. 이때 유아의 경험이 다양하고 균형적으로 이루어질 수 있는지 고려하여야 한다.

또한 주간 교육계획은 일반적으로 가정과 공유하는 것으로서 가정연계교육이 효과적으로 이루어질 수 있도록 알맞게 작성하는 노력이 필요하다. 이를 위해서 주간 교육계획안에는 가정에서 놀이중심 교육과정을 잘 이해하고, 기관에 신뢰를 형성할 수 있도록, 지난주 놀이기록과 평가를 제시하고, 이에 따른 다음 주 놀이 지원 방법을 어떻게 계획하였는지 연계성 있게 논리적으로 제시하는 것이 좋다. 또한 가정에서 나타날 수 있는 유아 놀이 모습을 안내하고, 유아 놀이의 교육적 의미와 가정 내 지원 방법까지 안내하는 것도 필요하다.

주간 교육계획안 예시

<table>
<tr><td colspan="4">주간 교육계획안
○○반
기간: 2022년 8월 8일~2022년 8월 12일</td></tr>
<tr><td>놀이 주제</td><td colspan="3">바다</td></tr>
<tr><td>주제</td><td colspan="3">바다생물</td></tr>
<tr><td rowspan="3">지난주 놀이기록 및 평가</td><td>놀이 사진</td><td>관련 교육과정 내용</td><td>놀이 평가</td></tr>
<tr><td>
과학영역)
바다생물 탱탱볼 놀이</td><td>• 자연탐구영역
–궁금한 것을 탐구하는 과정에 즐겁게 참여한다.</td><td>과학영역에 제공된 바다생물 탱탱볼(바닷속 환경 특성을 구현하고, 다양한 바다생물 모형이 들어 있음)을 가지고 유아들이 바다생물을 언급하면서 관심을 보임. 하지만 놀이 과정에서 탱탱볼 크기가 작아서인지 바다생물에 대한 관찰을 하지 못하였고, 바다생물에 대한 교사의 질문에 대해 잘 대답하지 못하는 한계점이 보임.</td></tr>
<tr><td>
미술영역)
바다생물 꾸미기</td><td>• 예술경험영역
–다양한 미술 재료와 도구로 자신의 생각과 느낌을 표현한다.</td><td>미술영역에 제공된 물고기 비늘을 꾸밀 수 있는 다양한 꾸미기 재료를 가지고 바다생물 꾸미기 놀이를 함. 하지만 특정 꾸미기 재료를 선택하는 이유에 대한 교사의 질문에도 유아들은 바다생물의 특징과 관련지어 이유를 잘 설명하지 못하는 한계점을 보임.</td></tr>
<tr><td>이번 주 지원 계획</td><td colspan="3">지난주 놀이기록과 평가에 기초하여 다음의 놀이 지원 활동을 계획함.
<table>
<tr><th>구분</th><th>활동 유형
(교육과정 관련 영역)</th><th>활동명 혹은 주요 내용</th><th>교재교구
(환경 구성)</th></tr>
<tr><td rowspan="3">대 · 소집단
활동</td><td>이야기 나누기
(자연탐구, 의사소통)</td><td>바다생물 종류와 특징 알기</td><td>실물화상기</td></tr>
<tr><td>새노래
(예술경험)</td><td>바다생물 명칭과 특징의 노랫말이 담긴 노래 배워 부르기</td><td>가사판</td></tr>
<tr><td>신체표현
(신체운동 · 건강,
예술경험)</td><td>다양한 바다생물 특징 신체 표현하기</td><td>바다 속 배경
OHP</td></tr>
</table></td></tr>
</table>

이번 주 지원 계획		동화, 동극 (의사소통, 사회관계, 예술경험)	다양한 바다생물이 등장하는 동화를 듣고, 친구들과 협력하여 동극에 참여하기	소품을 꾸밀 미술 재료
	자유놀이	언어영역 (의사소통)	다양한 바다생물 관련 퀴즈 놀이	바다생물 관련 퀴즈
		쌓기, 역할영역 (의사소통, 사회관계, 예술경험)	동극 무대 꾸미고, 동극 놀이하기	OHP 배경 다양한 소품
		과학영역 (자연탐구)	크기가 큰 바다생물 모형을 보며 특징 탐색, 탐구하기	실물화상기 바다생물 모형
		미술영역 (예술경험)	바다생물의 특징에 맞게 다양한 꾸미기 재료를 활용하여 바다생물 꾸미기	바다생물 이미지 벽면 전시
		음률영역 (신체운동 · 건강, 예술경험)	신체표현 자료와 음악을 활용한 바다생물 되어 보기	바닷 속 관련 음원 CD
가정 연계	• **예상되는 유아 놀이 모습** 유아들이 가정에서 바다생물을 몸으로 표현하거나 바다생물 이름을 이야기하며 놀이할 수 있습니다. • **놀이 지원 방법** 유아들이 놀이할 때, 무엇을 몸으로 표현하고 있는지 물어봐 주시고, '또 다르게 표현한다면 어떻게 표현할 수 있을까?'를 질문해 주시고, 창의적 표현력을 칭찬해 주세요. 그리고 바다생물 이름을 말한다면, 그 바다생물에 대해 설명해 볼 수 있도록 질문해 주시고, 설명을 듣고 기억력이나 이해력을 칭찬해 주세요.			

5. 일일 교육계획

일일 교육계획은 하루 일과를 계획하는 것으로, 유아 발달을 고려하여 균형성 있게 계획하고, 놀이 주제나 전날의 놀이 평가를 반영하여 적절성 있게 계획하는 것이 필요하다. 또한 계획은 하되, 운영의 융통성을 발휘하는 자세가 요구된다. 다음은 일과 계획 시 고려할 사항이다.

놀이 주제 고려

- 놀이 주제(주제)와 관련지어 계획해야 함.

놀이 연계 고려

- 전날 놀이기록 평가를 반영하여 놀이가 연계되도록 계획해야 함.
- 해당 날의 놀이를 기록 및 평가하고, 다음날 놀이 지원 계획도 작성해야 함.

교육과정 5개 영역의 균형성 고려

- 교육과정 5개 영역을 모두 균형적으로 경험할 수 있도록 계획해야 함.

실내외 활동의 균형성 고려

- 실내활동과 실외활동을 모두 경험할 수 있도록 계획해야 함.

정적 활동과 동적 활동의 균형성 고려

- 정적 활동: 이야기 나누기, 동화, 동시 등
- 동적 활동: 게임, 신체표현, 동극 등

다양한 집단활동(대 · 소집단, 개별활동)의 균형성 고려

- 학기 초, 연령이 낮을수록 소집단이나 개별활동을 더 많이 안배함.
- 연령이 높을수록 대집단활동을 통해 사회적 규칙에 따라 자신의 욕구를 조절하고, 규칙을 학습하는 기회를 제공해야 함.

휴식 등 일상생활 고려

- 휴식, 화장실 다녀오기, 물 마시기 등 휴식을 위한 일상생활 지도를 할 수 있도록 계획해야 함.

융통성 고려

- 유아의 흥미, 반응, 환경 특성 등을 반영하여 융통성 있게 운영할 수 있음.

[그림 5-2] **일과 계획 시 고려사항**

다음은 일일 교육계획안 예시이다.

반 이름	○○반(5세)	시기	○○년 ○월 ○일 ○요일
놀이 주제	행복한 우리 가족	주제	다문화 가족
전날 놀이 평가 및 지원 계획	다문화 가정에 대한 호기심을 보이나 잘 이해하고 있지 못함. 따라서 다문화 가정 이해를 높이기 위한 지원을 계획함.		
교육목표	• 다양한 가족 구성이 있음을 안다. • 나라는 달라도 가족의 개념은 같음을 이해한다. • 다문화 가족의 친구들을 위해 할 수 있는 일을 동극으로 표현해 본다.		
일과 시간표	08:50~09:00	등원	
	09:00~10:00	자유놀이	
	10:00~10:25	정리 및 평가	
	10:25~10:50	이야기 나누기: 같은 나라 사람끼리만 가족일까요?	
	10:50~11:50	바깥놀이	
	11:50~12:00	정리 및 손 씻기	
	12:00~13:20	점심 및 양치질하기	
	13:20~14:00	동극 〈푸지에는 내 친구〉	
	14:00~14:30	평가 및 귀가	

시간/활동 명	활동 목표	활동 내용	자료 및 유의점	평가
08:50~09:00 등원	• 바르게 인사한다. • 자신의 물건을 제자리에 정리한다.	• 교사, 친구들과 인사를 나눈다. • 출석 스티커를 붙이고 가방을 바르게 정리한다. • 오늘의 날짜, 요일을 알아본다. • 오늘의 새로운 자유놀이를 알아본다.	• 유아들을 반갑게 맞이하고 유아의 건강상태를 살핀다. • 날짜판 • 스티커 • 새로운 자유놀이 교재교구(언어영역)	
09:00~10:00 자유놀이	• 다양한 가족 형태를 구분할 수 있다.	[언어영역] 어떤 가족일까요? • 다양한 가족 구조 그림을 보며 이야기를 나눈다. • 게임 자료를 보면서 게임 방법을 알아본다. ① 아파트 게임판을 나누어 갖는다. ② 순서를 정한다. ③ 수수께끼를 읽어 본다.	• 게임판 2개 • 다양한 가족 카드 • 가족 설명 카드	

		④ 수수께끼에 해당하는 그림 카드를 찾아 그 집에 놓는다. ⑤ 아파트 동의 12칸을 모두 채우면 끝난다. • 게임을 한다. • 평가를 하고 정리한다.		
10:00~10:25 정리 및 평가	• 스스로 놀잇감을 정리한다. • 놀이를 평가한다.	• 놀잇감을 제자리에 정리한다. • 놀이를 평가한다.		
10:25~10:50 이야기 나누기	• 다문화 가족에 관심을 가진다.	**같은 나라 사람끼리만 가족일까요?** • 다른 나라 사람과 결혼하여 구성된 가족을 본 적이 있는지 이야기를 나눈다. • 동영상을 보면서 다문화 가정의 모습에 대해 이야기를 나눈다. • 다른 나라 사람끼리 결혼하여 이룬 가족도 서로를 사랑하는 마음은 같음을 이야기 나눈다.	• 아파트 모양의 그림 자료 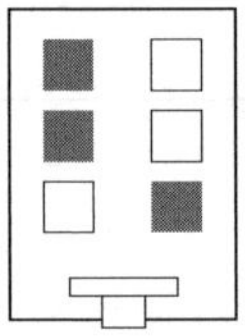 (색칠된 창문을 열면 다양한 다문화 가정의 모습이 나옴.) • 다문화 가정의 즐거운 모습 동영상	
10:50~11:50 바깥놀이	• 가족을 위해 내가 도울 수 있는 일을 안다.	**설거지하기** • 가족을 위해 내가 도울 수 있는 일을 생각하며 말해 본다. • 놀이터에서 지저분해진 여러 가지 도구들을 찾아본다. • 설거지를 하기 위한 도구를 소개한다. • 설거지를 하는 방법을 알아본다. • 설거지를 한다. • 설거지 해 본 경험을 말해 본다.	• 설거지 도구들 • 물을 담을 큰 그릇 • 그물망 그릇	
11:50~12:00 정리 및 손씻기	• 스스로 놀잇감을 정리한다. • 손을 깨끗이 씻는다.	• 놀잇감을 제자리에 정리한다. • 손을 깨끗이 씻는다.		

12:00~13:20 점심 및 양치질하기	• 바른 태도로 점심을 먹는다. • 깨끗이 양치질한다.	• 오늘의 점심 식단을 알아본다. • 점심을 맛있게 먹는다. • 깨끗이 이를 닦는다. • 점심을 다 먹은 후 조용한 놀이를 한다.	• 식단표	
13:20~14:00 동극	• 동극을 할 때 지켜야 할 약속을 안다. • 즐겁게 활동에 참여한다. • 동극을 보고 즐긴다. • 동극을 감상하고 생각과 느낌을 나눈다.	**푸지에는 내 친구** • 어제 들었던 〈푸지에〉 동화를 다시 회상한다. • 동극을 하는 방법을 알아본다. • 동극을 할 때의 약속을 함께 정한다. • 동극 목걸이 및 소품을 만든다. • 동극에 참여하고, 동극을 감상한다.	• 동화 자료 • 동극 목걸이	
14:00~14:30 평가 및 귀가	• 하루일과에 대해 자신의 느낌과 생각을 적절하게 표현한다.	• 하루일과를 회상하고, 평가한다. • 차량이나 도보 시 지켜야 할 안전 규칙에 대해 이야기를 나눈다. • 가방을 챙긴다. • 인사 후 귀가한다.	• 안전 규칙판	
놀이 평가 및 다음 날 지원 계획		이야기 나누기 시간에 유아들이 다문화 가정에 대해 자신 주변의 비슷한 일을 이야기해 주었다. 하지만 시간이 부족해 많은 이야기를 듣지 못했다. 유아들의 이야기로 더 많은 사례나 이해 및 공감교육이 이루어질 수 있을 것 같아 내일은 유아들이 경험을 그림이나 글로 표현해 소개해 보는 시간을 가져도 좋을 것 같다.		

연간, 월간, 주간, 일일 교육계획안의 형식과 내용은 각 기관의 실정에 따라 개선하여 다양한 방식으로 자율적으로 작성할 수 있다.

제6장

단위활동 지도 방법

이 장은 여러 단위활동 지도 방법을 유아 발달에 적합한 교육목표에 따라 이해하도록 함으로써 단위활동 계획 및 운영 능력을 기르는 것을 목표로 한다.

1. 이야기 나누기 지도 방법
2. 동화 지도 방법
3. 동시 지도 방법
4. 동극 지도 방법
5. 새 노래 지도 방법
6. 신체표현 지도 방법
7. 게임 지도 방법
8. 미술(조형) 지도 방법
9. 요리활동 지도 방법
10. 단위활동 지도안 작성 방법

1. 이야기 나누기 지도 방법

이야기 나누기 활동은 주로 유아를 대상으로 하는 활동이다. 영아는 아직 또래와 의사소통을 하기 위한 사회적 규칙 이해가 부족하고, 상호작용 능력이 미숙하므로 이야기 나누기 활동을 하기에는 어렵다고 할 수 있다.

이야기 나누기 활동의 목적은 유아들의 의사소통 능력과 상호작용 능력을 증진시키고, 인지적으로는 경험에 기반한 새로운 지식을 습득하고, 관련한 문제해결 능력을 기르는 데 있다.

「2019 개정 누리과정」과 관련하여 이야기 나누기 지도 시 전반적으로 고려해야 할 교육내용을 제시하면 다음과 같다.

표 6-1 「2019 개정 누리과정」과 관련한 이야기 나누기 지도 시 고려해야 할 교육내용

영역	내용 범주	내용
의사소통 영역	듣기와 말하기	• 말이나 이야기를 관심 있게 듣는다. • 자신의 경험, 느낌, 생각을 말한다. • 상황에 적절한 단어를 사용하여 말한다. • 상대방이 하는 이야기를 듣고 관련해서 말한다. • 바른 태도로 듣고 말한다. • 고운 말을 사용한다.
	읽기와 쓰기에 관심 가지기	• 말과 글의 관계에 관심을 가진다. • 주변의 상징, 글자 등의 읽기에 관심을 가진다.
사회관계 영역	더불어 생활하기	• 서로 다른 감정, 생각, 행동을 존중한다. • 약속과 규칙의 필요성을 알고 지킨다.
	사회에 관심 가지기	• 내가 살고 있는 곳에 대해 궁금한 것을 알아본다.
자연탐구 영역	탐구과정 즐기기	• 주변 세계와 자연에 대해 지속적으로 호기심을 가진다. • 궁금한 것을 탐구하는 과정에 즐겁게 참여한다. • 탐구과정에서 서로 다른 생각에 관심을 가진다.

앞의 교육내용을 포함하여 수업의 도입, 전개, 마무리 동안 다음과 같이 운영할 수 있다.

수업 단계	지도 방법
도입	• 유아의 관련 기존 경험에 근거한 호기심 유발하기 (예: 수수께끼, 퀴즈, 경험 회상 등)
전개	• 탐구기술(관찰, 분류, 예측, 추론 등)에 근거하여 수업의 하위 내용을 3~5개 구분하기 • 유아 간 상호작용(말하기, 듣기)에 중점을 두기 • "또 다른 생각 가진 사람 있나요?", "왜 그렇게 생각했나요?" 발문을 반복하여 과반수 이상의 유아들이 생각을 표현하고, 공유하고, 발전시켜 나가도록 돕기 • 의사소통 태도를 길러 주어야 하므로 부적절한 반응이나 행동을 긍정적으로 조정해 주고, 긍정적 반응이나 행동을 강화해 주기 • 유아들의 생각을 중간 중간 정리하기
마무리	• 활동을 통해 알게 된 것/기억에 남는 것에 대한 질문하기 • 활동에 대한 정서적 평가하기

[그림 6-1] **수업 단계에 따른 이야기 나누기 지도 방법**

이야기 나누기 수업 운영 시 주의할 사항은 의사소통의 올바른 태도를 길러 주기 위해 말하고자 하는 유아가 손을 들고 차례 지켜 말을 하도록 해야 하며, 듣고 있는 유아들이 바른 태도로 들을 수 있도록 지도해야 한다. 그리고 교사가 지식을 주입하는 방식보다는 유아에게서 다양한 생각을 이끌어 내는 수업을 해야 한다. 또한 도입과 전개에 유아의 호기심을 유지하고 확장할 수 있는 흥미로운 수업 자료(실물, 그림 및 사진 자료 등)를 준비해야 한다.

이야기 나누기 활동 평가 기준

범주	내용	그렇다	아니다	비고
수업 내용 선정	• 놀이 주제와 연계되는가? • 유아들의 경험과 연계되는가? • 유아들의 발달에 적합한가?			
대형	• 유아들이 앉은 대형이 이야기 나누기에 적절한가?(예: 반수는 바닥, 반수는 의자) • 유아들의 주의집중을 위해 주변의 교구나 물건을 정리하는가?			
매체	• 그림, 사진, 실물 등의 흥미로운 자료를 사용하는가?			
이야기 나누기 지도 과정	• 수수께끼, 경험 회상 등의 도입 방법을 사용하는가? • 유아들의 다양한 반응을 유도하기 위해 적절한 질문을 하는가? • 유아들의 대답에 반응을 해 주는가?(예: 종합/확장/정보 제공/수정 등) • 유아들의 부적절한 반응이나 행동을 긍정적인 방법으로 조정하는가? • 유아들의 적절한 반응에 대하여 격려 혹은 칭찬을 하는가? • 유아들(과반수 이상)을 이야기 나누기에 적극 참여시키는가?			
소요시간	• 유아의 수준에 따라 시간을 적절히 배정하는가?			
마무리	• 이야기 나누기 시간에 나온 내용을 종합 · 정리하는가? • 이야기 나누기 활동에 대한 평가를 하는가?			

참고: 교육인적자원부 (2001).

2. 동화 지도 방법

동화활동은 영아와 유아 모두를 대상으로 가능한 활동이며, 영유아 발달에 따라 활동 지도의 목적과 교육내용 및 방법은 다르다. 유아를 대상으로 한 동화활동의 목적은 스토리가 있는 동화 내용을 듣고 내용의 흐름을 논리적으로 이해하는 것과 동화 내용과 관련한 자신의 느낌, 생각을 정리해서 말해 보도록 하는 데 있으며, 책 읽기에 관심을 가지도록 하는 데 있다. 또한 정서적으로 다른 사람의 감정을 이해하고, 자신의 감정을 조절하는 정서 능력을 증진시키는 데 있다.

「2019 개정 누리과정」과 관련하여 동화 지도 시 전반적으로 고려해야 할 교육내용을 제시하면 다음과 같다.

표 6-2 「2019 개정 누리과정」과 관련한 동화 지도 시 고려해야 할 교육내용

영역	내용 범주	내용
의사소통 영역	듣기와 말하기	• 말이나 이야기를 관심 있게 듣는다. • 자신의 경험, 느낌, 생각을 말한다. • 상황에 적절한 단어를 사용하여 말한다. • 상대방이 하는 이야기를 듣고 관련해서 말한다. • 바른 태도로 듣고 말한다. • 고운 말을 사용한다.
	읽기와 쓰기에 관심 가지기	• 말과 글의 관계에 관심을 가진다. • 주변의 상징, 글자 등의 읽기에 관심을 가진다.
	책과 이야기 즐기기	• 책에 관심을 가지고 상상하기를 즐긴다. • 동화, 동시에서 말의 재미를 느낀다. • 말놀이와 이야기 짓기를 즐긴다.
사회관계 영역	나를 알고 존중하기	• 나의 감정을 알고 상황에 맞게 표현한다.
	더불어 생활하기	• 서로 다른 감정, 생각, 행동을 존중한다.
자연탐구 영역	탐구과정 즐기기	• 주변 세계와 자연에 대해 지속적으로 호기심을 가진다. • 궁금한 것을 탐구하는 과정에 즐겁게 참여한다. • 탐구과정에서 서로 다른 생각에 관심을 가진다.

앞의 교육내용을 포함하여 수업의 도입, 전개, 마무리 동안 다음과 같이 운영할 수 있다.

수업 단계	지도 방법
도입	• 동화에 대한 호기심 유발하기 (예: 표지의 그림이나 제목을 활용한 내용 예측 등)
전개	• 동화 내용 이해를 돕는 질문 전략 활용하기 -읽어 준 내용에 대해 이해를 확인하는 질문하기 -읽어 준 내용 이후 다음 사건을 예측해 보도록 질문하기 -읽어 준 내용의 사건 원인을 이전 사건에 근거해 추론해 보도록 질문하기 -읽어 주기 전, 그림을 보고 내용을 예측해 보도록 질문하기 • 동화 속 등장인물의 감정을 이해해 말해 보도록 하기 • 동화를 들은 후, 자신의 느낌이나 생각을 말해 보도록 하기 • 동화를 회상하여 중요사건을 순서대로 기억해서 말해 보도록 하기 • 만약 나라면 어떻게 행동할지 생각해 표현하도록 하기
마무리	• 동화를 통해 알게 된 것/기억에 남는 것에 대한 질문하기 • 활동에 대한 정서적 평가하기

[그림 6-2] **수업 단계에 따른 유아 대상 동화 지도 방법**

유아를 대상으로 한 동화 수업 운영 시 주의할 사항은 교사가 먼저 동화 내용을 숙지하여 유아가 집중하여 동화를 들을 수 있도록 들려주는 것이 중요하다. 이를 위해 동화 내용을 이해하기 쉽도록 간략하게 수정할 수 있다. 또한 유아의 주의집중을 위해 융판 동화나 OHP 동화 등으로 제작하여 들려주는 것이 좋다. 그리고 동화 속 상황 변화에 따라 교사 말소리의 높낮이나 소리 크기, 속도를 적절히 조절하는 것도 주의를 집중시키는 데 좋다.

동화활동 평가 기준

범주	내용	그렇다	아니다	비고
동화 선정	• 놀이 주제와 연계되는가? • 내용이 교육적인가? • 내용이 흥미 있는가? • 내용과 그림이 문학적으로 가치 있는 것인가?			
대형	• 유아들이 앉은 대형이 적절한가?(반은 바닥, 반은 의자) • 유아들의 주의집중을 위해 주변의 교구나 물건이 정리되어 있는가?			
매체	• 전달매체가 적절한가?			
동화 구연	• 내용을 완전히 이해했는가? • 시선은 적절한가? • 발음은 정확한가? • 속도는 적절한가?			
동화 지도 과정	• 동기유발을 하는가? • 동화 내용을 이해하게 하는가? • 동화 내용을 추측하게 하는가? • 동화 내용을 회상하게 하는가?			
마무리	• 동화활동에 대한 평가를 하는가?			

참고: 교육인적자원부 (2001).

3. 동시 지도 방법

동시 활동은 주로 유아를 대상으로 하는 활동이다. 영아는 아직 동시에 사용되는 비유적 표현을 이해하기 어려우므로 동시활동을 하기에는 어렵다고 할 수 있다.

동시활동의 목적은 유아들이 동시를 통해 우리말의 아름다움을 느끼고, 언어의 리듬 요소를 탐색하고, 표현하도록 하는 데 있다. 또한 동시의 내용에 대한 서로 다른 느낌과 생각을 공유하고, 다른 사람의 감정에 공감하는 능력을 기르는 데 있다. 그리고 인지적으로 동시에 사용된 비유적 표현을 이해하고, 자신이 새롭게 표현해 보도록 하는 데 그 목적이 있다.

「2019 개정 누리과정」과 관련하여 동시 지도 시 전반적으로 고려해야 할 교육내용을 제시하면 다음과 같다.

표 6-3 「2019 개정 누리과정」과 관련한 동시 지도 시 고려해야 할 교육내용

영역	내용 범주	내용
의사소통 영역	듣기와 말하기	• 말이나 이야기를 관심 있게 듣는다. • 자신의 경험, 느낌, 생각을 말한다. • 상황에 적절한 단어를 사용하여 말한다. • 상대방이 하는 이야기를 듣고 관련해서 말한다. • 바른 태도로 듣고 말한다. • 고운 말을 사용한다.
	읽기와 쓰기에 관심 가지기	• 말과 글의 관계에 관심을 가진다. • 주변의 상징, 글자 등의 읽기에 관심을 가진다.
	책과 이야기 즐기기	• 책에 관심을 가지고 상상하기를 즐긴다. • 동화, 동시에서 말의 재미를 느낀다. • 말놀이와 이야기 짓기를 즐긴다.
사회관계 영역	나를 알고 존중하기	• 나의 감정을 알고 상황에 맞게 표현한다.
	더불어 생활하기	• 서로 다른 감정, 생각, 행동을 존중한다.

예술경험 영역	아름다움 찾아보기	• 자연과 생활에서 아름다움을 느끼고 즐긴다. • 예술적 요소에 관심을 갖고 찾아본다.
	예술 감상하기	• 다양한 예술을 감상하며 상상하기를 즐긴다. • 서로 다른 예술 표현을 존중한다.
자연탐구 영역	탐구과정 즐기기	• 주변 세계와 자연에 대해 지속적으로 호기심을 가진다. • 궁금한 것을 탐구하는 과정에 즐겁게 참여한다. • 탐구과정에서 서로 다른 생각에 관심을 가진다.

앞의 교육내용을 포함하여 수업의 도입, 전개, 마무리 동안 다음과 같이 운영할 수 있다.

수업 단계	지도 방법
도입	• 동시 내용에 대한 호기심 유발하기 (예: 동시 내용 관련 간단한 이야기 들려주기)
전개	• 클래식 음악을 배경으로 동시를 들려주어 아름다움을 느끼도록 하기 • 눈을 감고, 이미지를 떠올리며 동시를 감상하도록 하기 • 동시를 듣고 난 후, 떠올린 이미지에 대한 느낌과 생각을 서로 이야기하고 공유하도록 하기 • 서로의 생각을 존중하도록 하기 • 유아들이 동시를 아름답게 낭송해 보도록 하기 (그룹별 낭송/개인 낭송/다 함께 낭송/교사 · 유아가 번갈아 낭송 등) • 동시에 사용된 비유적 표현을 찾아 의미를 이해하도록 하기 • 비유적 표현을 바꾸어 보도록 하기 • 제목을 새롭게 지어 보도록 하기
마무리	• 활동 중 기억에 남는 것에 대한 질문하기 • 활동에 대한 정서적 평가하기

[그림 6-3] **수업 단계에 따른 동시 지도 방법**

동시 수업 운영 시 주의할 사항은 동시판을 준비하여, 교사가 동시판의 글자를 짚어 주며 낭송함으로써 유아들이 글자에 관심을 가지도록 하고, 유아가 스스로 낭송할 수 있도록 도와야 한다. 이때 글자를 모르는 유아를 위해 그림과 함께 동시판을 제작해야 한다. 또한 비유적 표현이 있는 단어나 문장을 미리 교사가 찾아 그 부분은 새롭게 바꿔 볼 수 있도록 자료 제작 시 고려하는 것이 필요하다. 그리고 확장활동으로 동시 낭송을 하며 떠오른 이미지를 그림으로 그려 보거나 신체를 활용해 창의적으로 표현해 보도록 할 수 있다.

동시활동 평가 기준

범주	내용	그렇다	아니다	비고
동시 선정	• 놀이 주제와 연계되는가? • 유아의 발달에 적합한가? (예: 비유적 표현과 운율이 있는 것)			
매체	• 배경음악을 사용하는가?			
동시 지도 과정	• 도입을 하는가? • 교사 혼자 낭송해 주는가? • 유아들이 느낌을 말해 보게 하는가? • 교사와 유아가 나누어 낭송해 보는가? • 유아끼리 또는 혼자 낭송하게 하는가? • 교사와 유아가 함께 낭송해 보는가? • 제목을 지어 보는가?			
마무리	• 동시활동에 대한 평가를 하는가?			
확장활동	• 확장활동(그림, 신체 표현하기 등)을 실시하는가?			

참고: 교육인적자원부 (2001).

4. 동극 지도 방법

동극활동은 주로 유아를 대상으로 하는 활동이다. 영아는 아직 동극을 위한 사회성 발달, 대사 및 사건 숙지, 극놀이를 위한 가작화 등이 미숙하므로 동극활동을 하기에는 어렵다고 할 수 있다.

동극활동의 목적은 유아들이 여러 명의 또래와 협동하며, 극놀이를 위한 가작화(역할, 사물, 행동과 상황)를 10분 이상 지속해 보도록 하는 데 있다. 또한 친구들과 활동 규칙을 정해 규칙에 맞게 극놀이를 해 보는 데 목적이 있다.

「2019 개정 누리과정」과 관련하여 동극 지도 시 전반적으로 고려해야 할 교육내용을 제시하면 다음과 같다.

표 6-4 「2019 개정 누리과정」과 관련한 동극 지도 시 고려해야 할 교육내용

영역	내용 범주	내용
신체운동 · 건강영역	신체활동 즐기기	• 신체를 인식하고 움직인다. • 신체 움직임을 조절한다. • 기초적인 이동 운동, 제자리 운동, 도구를 이용한 운동을 한다. • 실내외 신체활동에 자발적으로 참여한다.
	안전하게 생활하기	• 일상에서 안전하게 놀이하고 생활한다.
의사소통 영역	듣기와 말하기	• 상황에 적절한 단어를 사용하여 말한다. • 상대방이 하는 이야기를 듣고 관련해서 말한다.
	책과 이야기 즐기기	• 책에 관심을 가지고 상상하기를 즐긴다. • 동화, 동시에서 말의 재미를 느낀다.
사회관계 영역	나를 알고 존중하기	• 나의 감정을 알고 상황에 맞게 표현한다. • 내가 할 수 있는 것을 스스로 한다.
	더불어 생활하기	• 친구와 서로 도우며 사이좋게 지낸다. • 서로 다른 감정, 생각, 행동을 존중한다. • 약속과 규칙의 필요성을 알고 지킨다.

예술경험 영역	아름다움 찾아보기	• 예술적 요소에 관심을 갖고 찾아본다.
	창의적으로 표현하기	• 신체나 도구를 활용하여 움직임과 춤으로 자유롭게 표현한다. • 극놀이로 경험이나 이야기를 표현한다.
	예술 감상하기	• 다양한 예술을 감상하며 상상하기를 즐긴다. • 서로 다른 예술 표현을 존중한다.
자연탐구 영역	탐구과정 즐기기	• 주변 세계와 자연에 대해 지속적으로 호기심을 가진다. • 궁금한 것을 탐구하는 과정에 즐겁게 참여한다. • 탐구과정에서 서로 다른 생각에 관심을 가진다.
	생활 속에서 탐구하기	• 주변에서 반복되는 규칙을 찾는다.

앞의 교육내용을 포함하여 수업의 도입, 전개, 마무리 동안 다음과 같이 운영할 수 있다.

수업 단계	지도 방법
동화 지도	• 동화 들려주기 –동극 주요 사건 이해하도록 들려주기 –p. 82 참고
동화 각색	• 동극 대본 제작하기 –수업 이외 시간에 교사 스스로 각색하기 –동화 주요 사건과 등장인물을 중심으로 내레이션 구성 –간접화법을 직접화법으로 수정하기 –대사를 짧고, 반복적으로 수정하기 –관객이 다함께 참여할 수 있는 대사 포함하기
동극 준비	• 동극 대본에 맞춰 동화 회상하도록 하기 –동화 속 주요 사건의 순서 회상하도록 하기 • 역할 가작화하도록 하기 –상황별 등장인물의 행동을 신체표현 해 보도록 하기 –상황별 등장인물의 대사 말해 보도록 하기 • 배경, 소품 가작화하도록 하기 –배경을 어떻게 표현할지 이야기 나누기 –필요한 소품 꾸미기

도입	• 동극 참여에 대한 호기심 유발하기 –배우, 관객 역할 정하기 –동극 무대와 관객석 구분하기
전개	• 동극 규칙 이해하기 –배우 역할의 등/퇴장의 동선과 등/퇴장 시 올바른 태도 이해하기 –배우 역할은 약속된 장소에서 자신의 차례를 기다리기 –관객 역할은 자리에 앉아 동극에 끝까지 집중하기 • 배우 역할 인사하고, 관객은 박수치도록 안내하기 • 교사의 내레이션에 맞춰 배우가 등/퇴장하고, 극놀이 진행하기 • 동극이 끝난 후, 동극 배우 역할 모두 등장하여 인사하고, 관객은 박수치도록 안내하기 • 동극에 대한 참여/관람 태도 등 평가하도록 하기 • 역할을 바꾸어 극놀이 진행하기
마무리	• 활동 중 기억에 남는 것에 대한 질문하기 • 활동에 대한 정서적 평가하기

[그림 6–4] **수업 단계에 따른 동극 지도 방법**

동극 수업 운영 시 주의할 사항은 관객 역할이 계속 동극에 집중할 수 있도록 다함께 참여할 수 있는 대사를 넣는 것이 필요하다. 또한 동극을 위한 역할 목걸이, 무대 배경과 소품은 자유놀이 시간을 활용해 만들어 보도록 할 수 있다. 그리고 교사는 내레이션과 사회자 역할을 동시에 수행함으로써 모든 유아들의 주의집중을 도모하고, 동극활동의 효과적 운영을 도울 수 있다. 즉, 내레이션을 할 때 유아들이 놓칠 수 있는 대사나 필요한 소품 등을 언급해 주어 유아들이 자연스럽게 극놀이를 진행해 나갈 수 있도록 도와야 한다. 이후 익숙해지면 동생반을 초청하는 등 반복적으로 동극을 경험해 보도록 함으로써 유아들의 활동 참여의 자신감을 증진시킬 수 있다.

동극활동 평가 기준

범주	내용	그렇다	아니다	비고
동화 선정	• 대사가 짧고 반복되는 것인가? • 유아가 등장인물을 동일시할 수 있는가? • 전개 과정이 뚜렷한가? • 절정(클라이맥스)이 있는가?			
대본의 적절성	• 간접화법을 직접화법으로 바꾸었는가? • 대사가 짧고 반복되는가?			
동극 지도 과정	• 동극 내용 이해를 위해 동극 전 동화를 들려주었는가? • 동극 대본에 맞게 동화 회상 시간을 가졌는가? • 동극의 배경이 되는 무대를 유아와 함께 꾸미는가? • 배역을 선정하는가? • 배역을 소개하는가? • 등장인물이 기다리는 자리를 정리하는가? • 재공연을 하는가?			
마무리	• 동극활동에 대한 평가를 하는가?			

참고: 교육인적자원부 (2001).

5. 새 노래 지도 방법

새 노래 활동은 영아와 유아 모두를 대상으로 가능한 활동이며, 영유아 발달에 따라 활동 지도의 목적과 교육내용 및 방법은 다르다.

유아를 대상으로 한 새 노래 지도의 목적은 노래의 아름다움(멜로디, 박자, 리듬, 노랫말, 셈여림 등)을 경험하고, 아름다움을 다양한 방식으로 표현하도록 하는 데 있다. 또한 정서적으로 다른 사람의 감정을 이해하고, 자신의 감정을 조절하는 정서 능력을 증진시키는 데 있다.

「2019 개정 누리과정」과 관련하여 새 노래 지도 시 전반적으로 고려해야 할 교육내용을 제시하면 다음과 같다.

표 6-5 「2019 개정 누리과정」과 관련한 새 노래 지도 시 고려해야 할 교육내용

영역	내용 범주	내용
신체운동 · 건강영역	신체활동 즐기기	• 신체를 인식하고 움직인다.
의사소통 영역	듣기와 말하기	• 상황에 적절한 단어를 사용하여 말한다.
	읽기와 쓰기에 관심가지기	• 말과 글의 관계에 관심을 가진다. • 주변의 상징, 글자 등의 읽기에 관심을 가진다.
	책과 이야기 즐기기	• 동화, 동시에서 말의 재미를 느낀다.
사회관계 영역	나를 알고 존중하기	• 나의 감정을 알고 상황에 맞게 표현한다.
	더불어 생활하기	• 서로 다른 감정, 생각, 행동을 존중한다.
예술경험 영역	아름다움 찾아보기	• 자연과 생활에서 아름다움을 느끼고 즐긴다. • 예술적 요소에 관심을 갖고 찾아본다.
	창의적으로 표현하기	• 노래를 즐겨 부른다. • 신체, 사물, 악기로 간단한 소리와 리듬을 만들어 본다. • 신체나 도구를 활용하여 움직임과 춤으로 자유롭게 표현한다.
	예술 감상하기	• 다양한 예술을 감상하며 상상하기를 즐긴다. • 서로 다른 예술 표현을 존중한다.
자연탐구 영역	탐구과정 즐기기	• 주변 세계와 자연에 대해 지속적으로 호기심을 가진다. • 궁금한 것을 탐구하는 과정에 즐겁게 참여한다. • 탐구과정에서 서로 다른 생각에 관심을 가진다.
	생활 속에서 탐구하기	• 주변에서 반복되는 규칙을 찾는다.

앞의 교육내용을 포함하여 수업의 도입, 전개, 마무리 동안 다음과 같이 운영할 수 있다.

수업 단계	지도 방법
도입	• 새 노래에 대한 호기심 유발하기 (예: 노랫말 이해를 위한 간단한 이야기 들려주기 등)
전개	• 노래 들려주기 • 노래에 대한 느낌과 생각 말해 보도록 하기 • 한 가지 음(예, '라' 음)으로 멜로디의 아름다움을 느끼며 표현하도록 하기 • 가사판을 읽으며 노랫말의 아름다움 느끼고, 노랫말을 탐색하도록 하기 • 가사판을 보며, 노래를 불러 보도록 하기(그룹별 나누어 부르기/다 함께 부르기 등) • 기억에 남는 아름다운 노랫말을 찾아보고, 자신의 생각을 말해 보도록 하기 • 노래의 박자에 맞춰 신체 리듬을 치며 들어보도록 하기 • 셈여림이 필요한 곳을 찾아 표시하고, 셈여림을 포함하여 신체 리듬을 치며 들어보도록 하기 • 노래의 속도와 셈여림을 목소리로 조절하여 노래 부르도록 하기 • 노랫말을 바꿔 부르도록 하기 • 노랫말에 맞는 율동을 만들어 부르도록 하기
마무리	• 활동 중 기억에 남는 것 질문하기 • 활동에 대한 정서적 평가하기

[그림 6-5] **수업 단계에 따른 유아 대상 새 노래 지도 방법**

유아를 대상으로 한 새 노래 지도 시 주의할 사항은 교사가 유아들이 노래 가사를 이해하는 데 도움이 되도록 도입 시 노랫말을 활용한 간단한 이야기를 들려주는 것이 좋다. 또한 가사판에도 글자만 제시하기보다는 글자를 모르는 유아를 배려하여 그림과 함께 제시해야 한다.

새 노래 지도 평가 기준

범주	내용	그렇다	아니다	비고
노래 선정	• 놀이 주제와 연계되는가? • 유아들의 경험과 연계되는가? • 노래의 음역이 유아에게 적절한가? • 노래의 길이가 유아에게 적절한가? • 노래의 가사와 리듬이 반복적인가?			
대형	• 유아들이 앉은 대형이 노래 부르기에 적절한가?(예: 반은 바닥, 반은 의자) • 유아들의 주의집중을 위해 주변의 교구나 물건이 정리되어 있는가?			
매체	• 그림, 융판 자료 등의 적절한 자료를 사용하는가?			
새 노래 지도 과정	• 도입 과정(노랫말 소개)이 있는가? • '라라라' 등으로 멜로디만 다 함께 부르는가? • 교사와 유아가 노래의 일부분씩 나누어 부르는가? • 노래 전체를 다 함께 부르는가? • 확장(가사 바꾸어 부르기 등)해서 부르는가?			
마무리	• 노래활동에 대한 평가를 하는가?			

참고: 교육인적자원부 (2001).

6. 신체표현 지도 방법

신체표현 활동은 크게 기본운동의 동작활동과 창의적 신체표현 활동으로 구분된다. 영아는 창의적 신체표현을 하기에는 아직 신체운동 능력과 인지 능력이 발달하지 못하여 기본운동의 동작활동 위주로 이루어지며, 유아를 대상으로는 주로 창의적 신체표현 활동이 이루어진다.

유아를 대상으로 한 창의적 신체표현 활동의 목적은 유아가 인지하고 있는 것을 신체 부위의 움직임 특성을 활용해 적절하게 표현해 보도록 하는 것이며, 움직임의 요소(신체, 공간, 노력, 관계)를 활용해 신체를 조절하고 창의적으로 표현해 보도록 하는 데 목적이 있다. 또한 다른 친구의 표현을 감상하도록 하여, 서로 다른 표현을 존중하도록 하고, 자신의 정서를 표현하도록 하고 조절하도록 함으로써 정서 능력을 증진시킬 수 있다.

「2019 개정 누리과정」과 관련하여 창의적 신체표현 지도 시 전반적으로 고려해야 할 교육내용을 제시하면 다음과 같다.

표 6-6 「2019 개정 누리과정」과 관련한 창의적 신체표현 지도 시 고려해야 할 교육내용

영역	내용 범주	내용
신체운동·건강영역	신체활동 즐기기	• 신체를 인식하고 움직인다. • 신체 움직임을 조절한다. • 기초적인 이동 운동, 제자리 운동, 도구를 이용한 운동을 한다. • 실내외 신체활동에 자발적으로 참여한다.
	안전하게 생활하기	• 일상에서 안전하게 놀이하고 생활한다.
의사소통 영역	듣기와 말하기	• 말이나 이야기를 관심 있게 듣는다.
사회관계 영역	나를 알고 존중하기	• 나의 감정을 알고 상황에 맞게 표현한다. • 내가 할 수 있는 것을 스스로 한다.
	더불어 생활하기	• 서로 다른 감정, 생각, 행동을 존중한다.
예술경험 영역	아름다움 찾아보기	• 자연과 생활에서 아름다움을 느끼고 즐긴다. • 예술적 요소에 관심을 갖고 찾아본다.
	창의적으로 표현하기	• 신체, 사물, 악기로 간단한 소리와 리듬을 만들어 본다. • 신체나 도구를 활용하여 움직임과 춤으로 자유롭게 표현한다.
	예술 감상하기	• 다양한 예술을 감상하며 상상하기를 즐긴다. • 서로 다른 예술 표현을 존중한다.

자연탐구 영역	탐구과정 즐기기	• 주변 세계와 자연에 대해 지속적으로 호기심을 가진다. • 궁금한 것을 탐구하는 과정에 즐겁게 참여한다. • 탐구과정에서 서로 다른 생각에 관심을 가진다.
	생활 속에서 탐구하기	• 물체의 특성과 변화를 여러 가지 방법으로 탐색한다. • 물체의 위치와 방향, 모양을 알고 구별한다. • 주변에서 반복되는 규칙을 찾는다.
	자연과 더불어 살기	• 주변의 동식물에 관심을 가진다.

앞의 교육내용을 포함하여 수업의 도입, 전개, 마무리 동안 다음과 같이 운영할 수 있다.

수업 단계	지도 방법
도입	• 신체표현할 대상에 대한 호기심 유발하기 (예: 흥미로운 움직임이 찍힌 사진이나 동영상 보여 주기 등)
전개	• 대상 움직임을 하위 움직임으로 3~4개 구분하여 각 움직임별로 다음을 지도하기 –움직임을 구체적이고, 다양하게 탐색하도록 하기 –탐색한 움직임을 언어로 표현하도록 하기 –다양한 신체 부위를 활용해 창의적으로 신체표현하도록 하기 –공간, 노력 요소를 활용해 창의적으로 신체표현하도록 하기 –관계 요소를 활용해 도구나 친구와 함께 창의적으로 신체표현하도록 하기 –친구들의 다양한 신체표현을 감상하고 존중하도록 하기
마무리	• 활동 중 기억에 남는 신체표현 질문하기 • 활동에 대한 정서적 평가하기

[그림 6-6] **수업 단계에 따른 유아 대상 창의적 신체표현 지도 방법**

유아를 대상으로 한 창의적 신체표현 지도 시 주의할 사항은 교사가 준비하는 수업 자료가 움직임을 연상하고, 표현하고 싶을 정도로 매력적이어야 한다. 즉, 사진은 크기가 커서 움직임 탐색이 가능해야 하며, 동영상도 움직임 위주로 편집되어 수업 주제에 집중하도록 해야 한다. 수업을 위해 계획된 하위 움직임마다 움직임 요소(신체, 공간, 노력, 관계)를 활용하여 유아들의 다양한 신체표현을 이끌어 내야 한다. 이를 통해 유아들이 서로 다른 표현을 감상하고, 창의적으로 표현해 보도록 할 수 있다. 그리고 유아들의 움직임에 대해서 교사가 어떤 신체 부위를 활용해 어떤 동작을 하였는지 움직임 요소에 따라 언급해 줌으로써 유아들은 자신이 활용한 신체와 동작을 다시 재확인하고, 이후 변화된 창의적 표현을 만들어 낼 수 있다.

창의적 신체표현 활동 평가 기준

범주	내용	그렇다	아니다	비고
신체활동	• 놀이 주제와 연계되는가? • 유아들의 신체 발달에 적절한가?			
매체	• 표현에 필요한 매체(동영상, 사진 등)를 사용하는가?			
사전활동	• 신체표현을 돕는 사전활동이 있는가?			
신체표현 활동 지도 과정	• 도입을 하는가? • 움직임을 보고 느낌을 언어로 표현해 보게 하는가? • 움직임을 창의적으로 표현하도록 기회를 제공하는가? • 친구들의 표현을 감상할 기회를 제공하는가? • 유아들의 표현을 격려하는가?			
마무리	• 신체표현 활동에 대한 평가를 하는가?			

참고: 교육인적자원부 (2001).

7. 게임 지도 방법

게임활동은 크게 원 게임과 편 게임으로 구분된다. 영아와 저연령의 유아는 편을 나누어 인식하는 것이 어려우므로 원 게임 위주로 이루어지며, 4~5세의 고연령 유아는 편을 나누는 편 게임을 주로 한다.

1) 저연령 유아를 위한 게임 지도 방법

저연령 유아를 대상으로 한 게임의 목적은 단순한 게임의 규칙을 이해하여 그에 따라 감각과 신체를 조절하고, 사회적 규칙을 이해하고 따르도록 하는 데 있다.

「2019 개정 누리과정」과 관련하여 저연령 유아 게임 지도 시 전반적으로 고려해야 할 교육내용을 제시하면 다음과 같다.

표 6-7 「2019 개정 누리과정」과 관련한 저연령 유아 게임 지도 시 고려할 교육내용

영역	내용 범주	내용
신체운동 · 건강영역	신체활동 즐기기	• 신체를 인식하고 움직인다. • 신체 움직임을 조절한다. • 기초적인 이동 운동, 제자리 운동, 도구를 이용한 운동을 한다. • 실내외 신체활동에 자발적으로 참여한다.
	안전하게 생활하기	• 일상에서 안전하게 놀이하고 생활한다.
의사소통 영역	듣기와 말하기	• 말이나 이야기를 관심 있게 듣는다.
사회관계 영역	나를 알고 존중하기	• 내가 할 수 있는 것을 스스로 한다.
	더불어 생활하기	• 친구와 서로 도우며 사이좋게 지낸다. • 약속과 규칙의 필요성을 알고 지킨다.

자연탐구 영역	탐구과정 즐기기	• 주변 세계와 자연에 대해 지속적으로 호기심을 가진다. • 궁금한 것을 탐구하는 과정에 즐겁게 참여한다. • 탐구과정에서 서로 다른 생각에 관심을 가진다.
	생활 속에서 탐구하기	• 주변에서 반복되는 규칙을 찾는다.

앞의 교육내용을 포함하여 수업의 도입, 전개, 마무리 동안 다음과 같이 운영할 수 있다.

수업 단계	지도 방법
도입	• 게임에 대한 호기심 유발하기 (예: 게임에 사용하는 자료 활용 등)
전개	• 교사와 저연령 유아들이 함께 원 대형으로 만들기 • 교사가 규칙을 간단하게 알려 주기 • 게임을 시작하고, 규칙에 맞지 않는 경우 중단하여 알려 주기 • 게임이 끝난 후, 규칙을 잘 지킨 것에 대해 긍정적 강화하기
마무리	• 게임 제목이나 활용한 자료, 기억에 남는 활동 방법 질문하기 • 활동에 대한 정서적 평가하기

[그림 6-7] **수업 단계에 저연령 유아 대상 게임 지도 방법**

저연령 유아를 대상으로 한 게임활동 시 주의할 사항은 게임의 규칙이 매우 단순해야 한다. 또한 규칙을 잘 지키는 것에 대해 반드시 긍정적 강화를 해 주어 사회적 규칙을 습득하도록 도와야 한다.

2) 고연령 유아를 위한 게임 지도 방법

고연령 유아를 대상으로 한 게임의 목적은 유아가 어느 편에 소속되어 소속감을 가지도록 하며, 공통의 목적을 달성하기 위해 노력하는 데 만족감과 성취감을 가지도록 하는 것이다. 또한 게임의 규칙을 지키기 위해 노력하고, 규칙에 따라 신체를 조절하는 능력을 기르도록 하는 데 목적이 있다.

「2019 개정 누리과정」과 관련하여 고연령 유아 게임 지도 시 전반적으로 고려해야 할 교육내용을 제시하면 다음과 같다.

표 6-8 「2019 개정 누리과정」과 관련한 고연령 유아 게임 지도 시 고려해야 할 교육내용

영역	내용 범주	내용
신체운동 · 건강영역	신체활동 즐기기	• 신체를 인식하고 움직인다. • 신체 움직임을 조절한다. • 기초적인 이동 운동, 제자리 운동, 도구를 이용한 운동을 한다. • 실내외 신체활동에 자발적으로 참여한다.
	안전하게 생활하기	• 일상에서 안전하게 놀이하고 생활한다.
의사소통 영역	듣기와 말하기	• 말이나 이야기를 관심 있게 듣는다.
사회관계 영역	나를 알고 존중하기	• 내가 할 수 있는 것을 스스로 한다.
	더불어 생활하기	• 친구와 서로 도우며 사이좋게 지낸다. • 약속과 규칙의 필요성을 알고 지킨다.
자연탐구 영역	탐구과정 즐기기	• 주변 세계와 자연에 대해 지속적으로 호기심을 가진다. • 궁금한 것을 탐구하는 과정에 즐겁게 참여한다. • 탐구과정에서 서로 다른 생각에 관심을 가진다.
	생활 속에서 탐구하기	• 주변에서 반복되는 규칙을 찾는다.

앞의 교육내용을 포함하여 수업의 도입, 전개, 마무리 동안 다음과 같이 운영할 수 있다.

수업 단계	지도 방법
도입	• 게임에 대한 호기심 유발하기 (예: 게임 자료를 통해 게임 방법을 예측하기 등)
전개	• 게임 방법과 규칙에 대해 이야기 나누며 이해하도록 돕기 • 점수 획득 방법 이해하도록 돕기 • 편을 나누어 대형으로 앉히기 (편을 나눌 때는 복장의 특징 등을 활용해 나눔, 예: 빨간색이 있고, 없고 등) • 팀별 인원 수 확인하기 • 활동 주제와 적합한 팀 이름 정하도록 하기 • 각 팀에서 순서대로 나와 출발 신호에 맞춰 게임 시작하기 • 첫 번째 게임이 끝난 후, 게임 방법과 규칙에 근거하여 어느 팀이 점수를 받아야 하는지 전체 유아와 함께 평가하기 • 게임 방법과 규칙을 지킨 팀에 점수 주기 • 다음 게임 시작하기 • 게임 종료 후, 게임 결과 알아보기 • 승패의 의미에 대해 이야기 나누기
마무리	• 게임 제목이나 활용한 자료, 주요 게임 방법 질문하기 • 게임 중 기억에 남는 것에 대한 질문하기 • 활동에 대한 정서적 평가하기

[그림 6-8] **수업 단계에 따른 고연령 유아 대상 게임 지도 방법**

고연령 유아를 대상으로 한 게임 활동 시 주의할 사항은 유아들이 소속감을 느끼도록 응원의 중요성을 설명하고, 응원점수를 통해 응원을 격려할 수 있다. 응원을 할 때는 친구의 이름을 부르고, '이겨라!'보다는 '잘해라!'라고 응원하도록 할 수 있다. 또한 점수판은 유아들이 잘 볼 수 있고, 카운트를 함께 할 수 있도록 크기를 고려하여 준비하는 것이 좋으며, 교사가 점수를 주기 전에 유아들에게 누가 점수를 받아야 공정한지 판단해 보도록 기회를 준 후 점수를 주는 것이 좋다. 그리고 게임에 참여한 모든 친구들을 격려해 주어 결과의 승패보다는 과정이 더 중요함을 인식하도록 해야 한다. 교사는 출발선/도착선 바로 앞 가운데에 앉아 심판의 역할을 하는 것이 게임을 효과적으로 진행하는 데 도움이 된다.

편 게임 대형

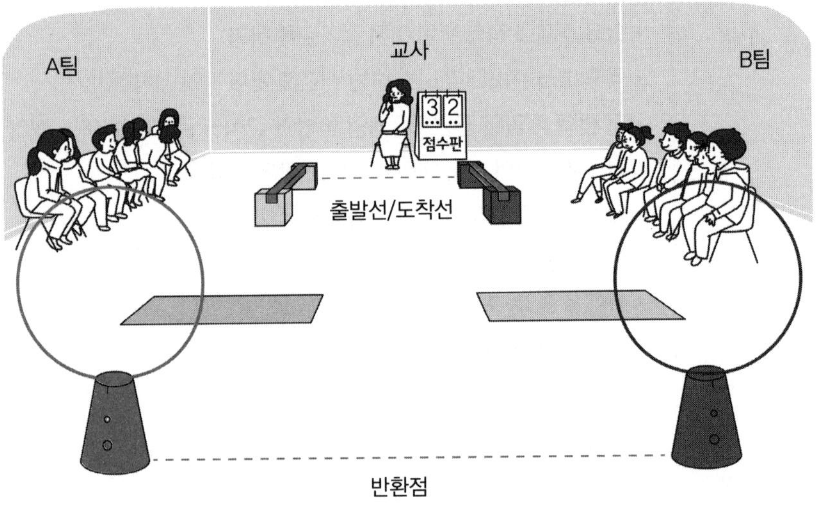

편 게임을 효율적으로 하기 위해서는 출발선(도착선)과 반환점 사이 양 옆에 두 팀이 차례대로 앉는 것이 좋으며, 교사는 출발선(도착선) 바로 앞 가운데에 앉아 심판의 역할을 하는 것이 좋다. 그리고 교사 옆에 점수판이 있어서 유아들이 점수를 확인할 수 있도록 하는 것이 좋다.

게임활동 평가 기준

범주	내용	그렇다	아니다	비고
게임 선정	• 놀이 주제와 연계되는가? • 유아들의 신체 발달에 적절한가?			
환경	• 게임을 할 수 있는 충분한 공간이 확보되는가? • 유아들의 안전이 고려되는 공간인가?			
매체	• 게임에 필요한 자료가 준비되어 있는가?			
사전활동	• 게임 방법을 이해할 수 있도록 상호작용하는가? • 게임의 규칙을 설명하는가?			
게임 지도 과정	• 게임을 하기 위해 편을 나눌 때 유아들의 이해 수준을 고려하는가? • 게임의 점수를 공정하게 판단하는가? • 게임에서 규칙, 태도를 고려하여 지도하는가? • 게임에 참여한 유아들을 모두 격려하는가?			
마무리	• 게임활동에 대한 평가를 하는가?			

참고: 교육인적자원부 (2001).

8. 미술(조형) 지도 방법

미술(조형)활동은 영아와 유아 모두를 대상으로 가능한 활동이며, 영유아 발달에 따라 활동 지도의 목적과 교육내용 및 방법은 다르다.

유아를 대상으로 한 미술(조형)활동의 목적은 유아가 미술 요소를 탐색하고, 다양한 재료의 특성을 탐색하여 자유롭게 표현해 보도록 하는 데 있으며, 다른 친구의 표현을 감상하고 차이를 존중하도록 하는 데 있다. 또한 표현 과정에서 자신의 정서를 표현하고, 부정적 정서를 해소하도록 하는 데 목적을 둔다.

「2019 개정 누리과정」과 관련하여 미술(조형)활동 지도 시 전반적으로 고려해야 할 교육내용을 제시하면 다음과 같다.

표 6-9 「2019 개정 누리과정」과 관련한 미술(조형)활동 지도 시 고려해야 할 교육내용

영역	내용범주	내용
신체운동 · 건강영역	안전하게 생활하기	• 일상에서 안전하게 놀이하고 생활한다.
의사소통 영역	읽기와 쓰기에 관심가지기	• 자신의 생각을 글자와 비슷한 형태로 표현한다.
사회관계 영역	나를 알고 존중하기	• 나의 감정을 알고 상황에 맞게 표현한다. • 내가 할 수 있는 것을 스스로 한다.
	더불어 생활하기	• 친구와 서로 도우며 사이좋게 지낸다. • 서로 다른 감정, 생각, 행동을 존중한다. • 약속과 규칙의 필요성을 알고 지킨다.
예술경험 영역	아름다움 찾아보기	• 자연과 생활에서 아름다움을 느끼고 즐긴다.
	창의적으로 표현하기	• 다양한 미술 재료와 도구로 자신의 생각과 느낌을 표현한다.
	예술 감상하기	• 다양한 예술을 감상하며 상상하기를 즐긴다. • 서로 다른 예술 표현을 존중한다.
자연탐구 영역	탐구과정 즐기기	• 주변 세계와 자연에 대해 지속적으로 호기심을 가진다. • 궁금한 것을 탐구하는 과정에 즐겁게 참여한다. • 탐구과정에서 서로 다른 생각에 관심을 가진다.
	생활 속에서 탐구하기	• 물체의 특성과 변화를 여러 가지 방법으로 탐색한다. • 주변에서 반복되는 규칙을 찾는다.

앞의 교육내용을 포함하여 수업의 도입, 전개, 마무리 동안 다음과 같이 운영할 수 있다.

수업 단계	지도 방법
도입	• 미술(조형)활동에 대한 호기심 유발하기 (예: 주재료를 활용한 활동 예측, 완성작품을 활용한 활동 예측 등)
전개	• 활동 재료 탐색하며, 특성과 사용방법 알아보기 • 활동 순서도를 보며, 순서를 이해하도록 하기 (순서의 전과 후를 비교하며 이해하기) • 순서대로 활동하도록 하기 • 완성된 작품을 서로 감상하도록 하기
마무리	• 활동의 제목 및 주제에 대한 질문하기 • 활동을 통해 알게 된 것/기억에 남는 것에 대한 질문하기 • 활동에 대한 정서적 평가하기

[그림 6-9] **수업 단계에 따른 유아 대상 미술(조형)활동 지도 방법**

유아를 대상으로 한 미술(조형)활동 지도 시 주의할 사항은 미술 기법을 이해하고, 모방을 하되 유아의 창의적 표현을 격려해야 한다는 것이다. 또한 활동 순서도를 통해 순서의 전과 후 변화를 비교하여 변화를 가능하게 한 원인이 무엇인지 탐색하도록 함으로써 과정을 완전히 이해한 후 자유로운 표현이 이루어지도록 도와야 한다. 그리고 서로 다른 표현을 감상하도록 하고, 서로 다름을 존중하도록 해야 한다. 완료 후 유아의 작품에 대한 생각을 질문하여 유아의 생각을 글로 옮겨 적어 주는 것이 좋다. 집단 구성은 융통성 있게 하여 수업 운영을 할 수 있다.

9. 요리활동 지도 방법

요리활동은 영아와 유아 모두를 대상으로 가능한 활동이며, 영유아 발달에 따라 활동 지도의 목적과 교육내용 및 방법이 다르다.

유아를 대상으로 한 요리활동의 목적은 유아가 음식의 소중함을 깨닫도록 하여 균형 잡힌 영양습관을 기르도록 하는 데 있으며, 식재료가 음식으로 변화하기까지의 재료 변화 과정과 도구 사용, 측정하기 등 수 · 과학적 개념에 관심을 가지고 탐구하는 데 목적을 둔다.

「2019 개정 누리과정」과 관련하여 요리활동 지도 시 전반적으로 고려해야 할 교육내용을 제시하면 다음과 같다.

표 6-10 「2019 개정 누리과정」과 관련한 요리활동 지도 시 고려해야 할 교육내용

영역	내용범주	내용
신체운동 · 건강영역	건강하게 생활하기	• 자신의 몸과 주변을 깨끗이 한다. • 몸에 좋은 음식에 관심을 가지고 바른 태도로 즐겁게 먹는다.
	안전하게 생활하기	• 일상에서 안전하게 놀이하고 생활한다.
사회관계 영역	나를 알고 존중하기	• 내가 할 수 있는 것을 스스로 한다.
	더불어 생활하기	• 친구와 서로 도우며 사이좋게 지낸다. • 약속과 규칙의 필요성을 알고 지킨다.
자연탐구 영역	탐구과정 즐기기	• 주변 세계와 자연에 대해 지속적으로 호기심을 가진다. • 궁금한 것을 탐구하는 과정에 즐겁게 참여한다. • 탐구과정에서 서로 다른 생각에 관심을 가진다.
	생활 속에서 탐구하기	• 물체의 특성과 변화를 여러 가지 방법으로 탐색한다. • 물체를 세어 수량을 알아본다. • 물체의 위치와 방향, 모양을 알고 구별한다. • 일상에서 길이, 무게 등의 속성을 비교한다. • 도구와 기계에 대해 관심을 가진다.

앞의 교육내용을 포함하여 수업의 도입, 전개, 마무리 동안 다음과 같이 운영할 수 있다.

수업 단계	지도 방법
도입	• 요리활동에 대한 호기심 유발하기 (예: 주재료를 활용한 요리 예측, 완성된 요리 사진을 활용한 재료와 과정 예측 등)
전개	• 요리에 필요한 재료와 도구 알아보기 -감각기관으로 탐색하도록 하기 -쓰이는 방법에 대해 예측, 탐구하도록 하기 • 요리 순서도를 보여 주고, 순서에 따라 과정을 탐구하도록 하기 -수 · 과학적 요소에 따라 탐구하도록 하기 -원인과 결과를 예측하고, 추론하도록 하기 • 순서에 기초하여 과학적으로 실험하며, 요리하도록 돕기 • 실험 결과 평가하도록 하기 • 완성된 요리 맛보도록 하기
마무리	• 요리 명칭이나 주재료에 대한 질문하기 • 활동을 통해 알게 된 것/기억에 남는 것에 대한 질문하기 • 활동에 대한 정서적 평가하기

[그림 6-10] **수업 단계에 따른 유아 대상 요리활동 지도 방법**

유아를 대상으로 한 요리활동 지도 시 주의할 사항은 유아가 단순히 요리를 똑같이 따라 해 보는 것에서 나아가 요리 과정에서의 수 · 과학적 개념에 대한 탐구와 실험을 할 수 있도록 배려해야 한다는 것이다. 따라서 재료와 도구의 탐색과 탐구에서부터 요리하는 순서마다 호기심을 가지고 탐구하고, 예측하고, 추론하고, 자신의 생각대로 실험해 보도록 격려할 수 있다. 또한 유아들은 영아에 비해 요리에 불을 사용하거나 다양한 도구와 기계를 활용하기 때문에 요리 시작 전 안전과 관련한 교육이 반드시 이루어져야 하며, 올바른 건강 습관을 기르도록 요리 전에 손을 깨끗이 씻도록 해야 한다. 집단 구성은 융통성 있게 하여 수업 운영을 할 수 있다.

요리활동 평가 기준

범주	내용	그렇다	아니다	비고
활동 선정	• 놀이 주제와 연계되는가? • 유아들의 발달에 적절한가? • 교육적으로 가치가 있는가? • 유아의 영양과 건강을 고려하였는가?			
환경 및 도구	• 공간이 충분한가? • 물이 가까운 곳에 있는가? • 전기가 가까운 곳에 있는가? • 안전을 고려하였는가? • 도구가 유아의 수준에 적절한가?			
순서도	• 요리 순서도가 있는가? • 요리 과정이 구체적으로 명시되어 있는가?			
요리활동의 지도 과정	• 손을 씻도록 지도하는가? • 준비된 재료를 탐색해 보는 시간을 주는가? • 요리의 순서를 익히는 시간을 주는가? • 유아가 주도적으로 요리를 하도록 허용하는가? • 정리할 시간을 주는가? • 요리한 음식을 먹어 볼 기회를 제공하는가?			
마무리	• 요리활동에 대한 평가를 하는가?			

참고: 교육인적자원부 (2001).

10. 단위활동 지도안 작성 방법

단위활동 지도안 양식의 예는 다음과 같다. 아래 양식은 「2019 개정 누리과정」이 추구하는 유아중심, 놀이중심 교육과정 운영과 관련한 것으로 이전 놀이에 대한 기록 및 평가에 기초하여 지원 활동을 계획한 것이라고 할 수 있다.

<table>
<tr><td colspan="2">놀이 주제</td><td></td><td>대상 연령</td><td></td></tr>
<tr><td colspan="2">놀이기록 및 평가</td><td colspan="3"></td></tr>
<tr><td colspan="2">놀이와 경험
(교육과정)
연결</td><td colspan="3">• 신체운동 · 건강영역:
• 의사소통영역:
• 사회관계영역:
• 예술경험영역:
• 자연탐구영역:</td></tr>
<tr><td colspan="5">놀이 지원 활동</td></tr>
<tr><td colspan="2">활동명</td><td colspan="3"></td></tr>
<tr><td colspan="2">활동 유형</td><td></td><td>집단 형태</td><td></td></tr>
<tr><td colspan="2">활동 목표</td><td colspan="3">•
•
•</td></tr>
<tr><td colspan="2">활동 자료</td><td colspan="3"></td></tr>
<tr><td rowspan="3">활동
방법</td><td>도입</td><td colspan="3"></td></tr>
<tr><td>전개</td><td colspan="3"></td></tr>
<tr><td>마무리</td><td colspan="3"></td></tr>
<tr><td colspan="2">놀이 확장(예상)</td><td colspan="3"></td></tr>
<tr><td colspan="2">활동 평가</td><td colspan="3"></td></tr>
</table>

구체적인 작성 방법을 살펴보면 다음과 같다.

1) 놀이 주제

놀이 주제 칸에는 현재 진행 중인 놀이 주제와 해당 주차의 주제를 작성한다. 이를 위해 연간 교육계획안과 월간 교육계획안 혹은 주간 교육계획안을 참고할 수 있다.

2) 대상 연령

대상 연령 칸에는 활동의 대상이 되는 유아의 연령을 작성한다.

3) 놀이기록 및 평가

놀이기록 및 평가 칸에는 이전 놀이 관찰 및 기록 결과와 평가를 작성한다. 이때 놀이를 통한 배움이 일어나도록 지원하기 위해서는 다음을 작성할 수 있어야 한다.

- 놀이의 의미
  - 유아의 주된 흥미
- 놀이의 한계짐
  - 놀이를 위해 활용한 교재교구의 한계점
  - 놀이 내용의 한계점

놀이기록 및 평가 예시

• 유아의 주된 흥미: 바다생물 • 놀이를 위해 활용한 교재교구의 한계점: 과학영역에 제공한 바다생물 탱탱볼의 크기가 작아 바다생물 모형이 잘 보이지 않음. • 놀이 내용의 한계점: 교사와의 상호작용을 통해 유아들이 바다생물의 특징을 잘 이해하지 못하고 있다는 한계점이 나타남.

4) 놀이와 경험(교육과정) 연결

놀이와 경험(교육과정) 연결 칸에는 놀이기록 결과와 관련한 교육과정 영역별 내용을 찾아 적는 것이 필요하다. 이를 통해 놀이의 교육적 의미를 파악하고, 지원 활동 계획의 토대가 마련된다.

놀이와 경험(교육과정) 연결

놀이 주제가 바다이고, 주제가 바다생물임. 유아들이 과학영역에 제공된 바다생물 탱탱볼(바닷속 환경 특성을 구현하고, 다양한 바다생물 모형이 들어 있음)을 가지고 유아들이 바다생물을 언급하면서 관심을 보임. 하지만 놀이 과정에서 탱탱볼 크기가 작아서인지 바다생물에 대한 관찰을 하지 못하였고, 바다생물에 대한 교사의 질문에 대해 잘 대답하지 못하는 한계점이 보임. ⬇

• 자연탐구영역: 탐구과정 즐기기〉 궁금한 것을 탐구하는 과정에 즐겁게 참여한다.

⬇

〈놀이 지원〉

주간 교육계획안에 다음의 지원 계획을 제시할 수 있음.

구분	활동 유형 (교육과정 관련 영역)	활동명 혹은 주요 내용	교재교구 (환경구성)
대 · 소집단 활동	이야기 나누기 (자연탐구, 의사소통)	바다생물 종류와 특징 알기	실물화상기
자유놀이	과학영역 (자연탐구)	크기가 큰 바다생물 모형을 보며 특징 탐색, 탐구하기	실물화상기 바다생물 모형

5) 놀이 지원 활동

놀이와 경험(교육과정) 연결을 토대로 하나의 단위활동을 계획한다.

① 활동명

활동을 대표할 수 있는 활동명을 교사가 자유롭게 정하여 적는다.

② 활동 유형

활동 유형은 일반적으로 이야기 나누기, 동화, 동시, 동극, 미술(조형), 음률(새노래, 악기), 신체표현, 게임, 과학(요리) 등으로 구분되며, 정적 활동과 동적 활동의 균형성에 기초하여 이전 활동과 다음 활동의 유형을 고려하여 선정해야 한다.

③ 집단 형태

집단 형태는 대집단활동인지, 소집단활동인지 구분하여 작성한다.

④ **활동 목표**

활동 목표는 활동의 내용이 교육적 목적을 가지고 논리적으로 전개되도록 하는 데 중요한 역할을 한다. 목표 진술 시 고려해야 할 사항과 예시는 다음과 같다.

• 활동을 통해 기대할 수 있는 교육적 성과를 지식, 기술, 태도 측면에서 모두 진술한다.

예) 지식: 바다생물의 명칭과 특성을 이해한다.
기술: 바다생물의 특성을 신체 부위를 활용하여 창의적으로 표현한다.
태도: 바다생물의 소중함을 느낀다.

• 기대할 수 있는 교육적 성과의 내용과 행동이 모두 포함되어 구체적이고 명료하게 진술한다.

예) 바다생물의 명칭과 특성(내용)을 이해한다(행동).

• 동사의 주어가 교사가 아닌 학습자로 작성하며, 학습자의 관점에서 진술한다.

예) 바다생물의 소중함을 느끼도록 한다. (×, 교사 관점)
바다생물의 소중함을 느낀다. (○, 학습자 관점)

• 한 문장에 한 가지 목표가 포함되도록 진술한다.

예) 바다생물의 특성을 이해하고, 신체 부위를 활용하여 창의적으로 표현한다. (×)
바다생물의 특성을 이해한다. (○)
바다생물의 특성을 신체 부위를 활용하여 창의적으로 표현한다. (○)

⑤ 활동 자료

활동을 위해 필요한 교재교구를 구체적으로 작성한다. 때에 따라서는 사진을 포함하는 것도 좋다.

⑥ 활동 방법

활동은 도입－전개－마무리 순서로 이루어지며, 순서에 따라 활동 내용을 구분하고, 번호와 함께 구체적이고 명료한 용어로 진술하여야 한다. 활동 내용은 앞서 언급한 대로 활동 목표와 관련된 것으로만 논리적으로 조직되어야 한다. 또한 활동 내용 아래에 활동을 이끄는 교사의 주요 발문을 적을 수 있다.

• 도입

도입 단계의 목표는 주로 주의집중과 동기(호기심) 유발이다. 따라서 도입 단계에서는 주의집중을 위한 손유희 등이 필요하며, 동기유발을 위한 활동 목표 제시, 이전 경험과 관련 짓기, 활동과 관련한 수수께끼나 퀴즈 등으로 이루어진다. 약 3~5분 정도가 적절하다.

• 전개

전개 단계의 목표는 학습 내용을 제시하고, 유아의 참여를 유도하여 목표를 달성하도록 하는 것이다. 활동 시간의 70%를 차지한다. 활동은 교사 주도형이 아닌, 반드시 유아의 참여를 이끌어 내는 교수 · 학습 방법을 사용하여야 한다.

• 마무리

마무리 단계의 목표는 활동 기억을 위한 간단한 요약 정리, 인지적 평가, 정서적 평가, 확장활동 및 다음 활동 안내이다. 약 3~5분 정도가 적절하다.

	활동 방법
도입	**1. 손유희를 하며, 주의집중을 한다.** 아빠 손가락 음메~ 안녕하세요 엄마 손가락 메에~ 안녕하세요 오빠 손가락 멍멍~ 안녕하세요 언니 손가락 야옹~ 안녕하세요 아기 손가락 삐약삐약~ 안녕하세요 **2. 동화 표지 그림을 보며, 동화 내용을 추측해 본다.** T: 오늘 볼 동화의 표지예요. 무엇이 보이나요? T: 그럼, 어떤 내용의 동화일까요?
전개	**3. 자석 동화를 듣는다.** T: 그럼, 여러분이 생각한 내용의 동화인지 동화를 들어 봐요. T: 오늘은 선생님이 자석칠판을 활용해서 동화를 들려줄게요. 손가락 아저씨가 길로길로 가다가 돈 한 푼을 주웠네 떡집으로 갈까? 엿집으로 갈까? 떡집으로 가서 떡 두 개를 샀네 보에 싸서 짊어지고 개천에 가서 먹을라니까 물고기가 야암냠 (중략) **4~5번 생략**
마무리	**6. 활동을 평가한다.** T: 오늘 읽은 동화 제목은 무엇이었나요? T: 동화 내용 중 가장 기억에 남는 것은 무엇인가요? T: 오늘 들려준 동화는 재미있었나요? T: 무엇이 가장 즐거웠나요? T: 아쉬운 점은 무엇인가요?

[그림 6-11] **활동 방법 작성 예시**

⑦ 놀이 확장(예상)

본 활동과 관련된 자유놀이 시간이나 다음 활동 시간에 할 수 있는 확장된 활동을 의미한다. 자유놀이 시간에 할 수 있는 확장활동의 경우에는 해당 흥미영역에 필요한 교재교구도 함께 작성하는 것이 좋다.

⑧ 활동 평가

활동을 끝낸 후, 활동의 유의점이나 스스로 아쉬웠던 점을 평가하여 작성한다. 평가를 할 때는 목표 달성에 대한 평가, 상호작용에 대한 평가, 교재교구 활용에 대한 평가, 시간관리에 대한 평가 등을 작성할 수 있다. 또한 활동 운영에 대해 실습 지도교사에게 궁금한 점을 작성할 수 있다.

제 7 장

연계활동 지도 방법

이 장은 연계활동의 의미를 알아보고, 연계활동 지도 방법을 이해하도록 함으로써 활동계획 및 운영 능력을 기르는 것을 목표로 한다.

1. 연계활동 의미
2. 연계활동 계획 원리
3. 전이활동

1. 연계활동 의미

연계활동은 단위활동에 비해 현장의 교사가 실제로 하루일과를 계획하는 원리를 이해하고 실천해 볼 수 있는 활동으로 두 개의 단위활동(자유놀이)이 연결된 활동을 의미한다. 따라서 연계활동을 위해서는 두 개의 단위활동(자유놀이)을 계획하여야 하고, 반드시 활동 중간에 전이활동을 포함하여야 한다.

단위활동 (자유놀이)	전이활동	단위활동 (자유놀이)

[그림 7-1] **일반적인 연계활동 의미**

2. 연계활동 계획 원리

연계활동은 '제5장 놀이에 기초한 활동계획 방법'에서 언급한 것처럼 하루일과를 계획할 때 고려할 사항을 이해하여 계획해야 한다.

놀이 주제 고려

- 놀이 주제(주제)와 관련지어 계획해야 함.

놀이 연계 고려

- 전날 놀이기록 평가를 반영하여 놀이가 연계되도록 계획해야 함.
- 해당 날의 놀이를 기록 및 평가하고, 다음날 놀이 지원 계획도 작성해야 함.

교육과정 5개 영역의 균형성 고려

- 교육과정 5개 영역을 모두 균형적으로 경험할 수 있도록 계획해야 함.

실내외 활동의 균형성 고려

- 실내 활동과 실외 활동을 모두 경험할 수 있도록 계획해야 함.

정적 활동과 동적 활동의 균형성 고려

- 정적 활동: 이야기나누기, 동화, 동시 등
- 동적 활동: 게임, 신체표현, 동극 등

다양한 집단활동(대 · 소집단, 개별활동)의 균형성 고려

- 학기 초, 연령이 낮을수록 소집단이나 개별활동을 더 많이 안배함.
- 연령이 높을수록 대집단활동을 통해 사회적 규칙에 따라 자신의 욕구를 조절하고, 규칙을 학습하는 기회를 제공해야 함.

휴식 등 일상생활 고려

- 휴식, 화장실 다녀오기, 물 마시기 등 휴식을 위한 일상생활 지도를 할 수 있도록 계획해야 함.

융통성 고려

- 유아의 흥미, 반응, 환경 특성 등을 반영하여 융통성 있게 운영할 수 있음.

[그림 7-2] **일과 계획 시 고려사항**

따라서 연계활동 계획 시 먼저, 실습 지도교사가 계획한 그날의 활동 계획을 묻고, 어느 시간대에 필요한 연계활동인지 미리 파악하는 것이 좋다. 연계활동이 필요한 시간대를 확인한 후에는 [그림 7-2]의 일과 계획 시 고려사항에 따라 두 개의 활동을 연속하여 적절히 계획해야 한다.

3. 전이활동

연계활동은 두 개의 단위활동(자유놀이)이 연결된 것으로 중간에 전이활동을 반드시 포함해야 한다.

1) 의미

전이활동이란, 하나의 단위활동(자유놀이)이 끝난 후 다음의 단위활동(자유놀이)으로 이어지는 약 5~10분 이내의 짧은 시간에 하는 활동을 의미한다. 영유아를 대상으로 하는 교육에서만 진행되는 특별한 것으로 영유아 발달에 적합하게 휴식과 주의집중을 효과적으로 운영하기 위한 활동이다.

2) 전이활동 유형

일과활동 운영 중 실시하는 전이활동의 유형은 대체로 다음과 같이 구분할 수 있다.

(1) 대집단활동과 대집단활동 사이

주로 앞서 살펴본 [그림 7-2]의 일과 계획 시 고려사항 중 휴식과 관련한 활동을 계획하고, 다음 단위활동의 시작을 위해 유아를 모이도록 하여, 주의집중시키는 것까지 포함한다. 휴식을 취하도록 할 때는 전체 유아가 한꺼번에 이동을 하는 경우, 안전사고나 문제행동이 일어날 수 있으므로 먼저 교사가 휴식할 차례를 언급하고, 이에 따라 호명된 유아부터 앉아 있던 자리 정리를 하고, 순서대로 휴식을 취하도록 하는 것이 좋다.

(2) 소집단활동과 대집단활동 사이

소집단활동의 정리정돈과 휴식을 포함하며, 다음 단위활동의 시작을 위해 유아를 모이도록 하여, 주의집중시키는 것까지 포함한다.

(3) 대집단활동과 소집단활동 사이

대체로 교사가 언급한 차례대로 유아는 앉아 있던 자리 정리를 하고, 소집단활동을 위해 이동 후 활동 준비를 하거나 활동을 시작한다.

(4) 대(소)집단활동과 개별활동(자유놀이) 사이

주로 교사가 언급한 차례대로 유아는 앉은 자리나 활동 정리를 하고, 개별놀이를 자유롭게 시작하도록 한다. 개별활동 동안에는 개별적 휴식을 취할 수 있다.

(5) 개별활동(자유놀이)과 대(소)집단활동 사이

대체로 정리정돈과 휴식을 포함하며, 다음 단위활동의 시작을 위해 유아를 모이도록 하여, 주의집중시키는 것까지 포함한다.

이 외 일과 중에 전이활동은 등원과 첫 번째 단위활동 사이, 마지막 단위활동과 귀가 사이에도 이루어질 수 있으며, 점심(간식)시간, 낮잠시간 전후에도 이루어질 수 있다.

3) 전이활동 방법

전이활동 방법을 고려해야 하는 경우는 두 가지이다. 진행 중인 단위활동 마무리를 위한 방법과 다음 단위활동 시작을 위한 방법이다.

① 진행 중인 단위활동 마무리 방법

진행 중인 단위활동을 마무리할 때 순서를 정해 주지 않으면 친사회적 행동이 미성숙한 유아가 한꺼번에 정리 및 이동하면서 문제행동이나 안전사고가 발생할 수 있고, 교실이 소란스러워질 가능성이 많다. 따라서 교사는 유아의 발달을 고려하여 적절한 이동 순서를 매번 언급해 주는 것이 좋다. 순서를 위해서는 다음의 방법을 활용할 수 있다.

- 옷의 색깔을 활용
  - 교사가 말한 색깔이 자신의 옷에 있는 사람부터 이동

- 퀴즈(수수께끼) 활용
  - 앞선 활동에서 학습한 것에 대한 퀴즈를 내고 정답을 맞힌 사람부터 이동
  - 주제 관련 수수께끼의 정답을 맞힌 사람부터 이동

- 반대말 놀이
  - 교사가 언급한 단어의 반대말을 적절하게 말한 사람부터 이동
    (예: 춥다/덥다, 높다/낮다, 크다/작다, 무겁다/가볍다 등)

- 끝말잇기 놀이
  - 교사가 언급한 단어의 끝말을 잇는 사람부터 이동

- 숫자 놀이
  - 교사가 언급한 숫자의 합을 말한 사람부터 이동
  - 교사가 언급한 숫자 중 더 크거나, 작은 숫자를 말한 사람부터 이동

이 외에도 다양한 전이활동 방법이 있으며, 실습 중 실습 지도교사의 전이활동 방법을 관찰하여 자신의 수업 때 활용하는 것도 좋은 방법이다.

② 다음 단위활동 시작을 위한 방법

다음 단위활동을 시작할 때 유아가 자발적으로 모여 주의집중을 하고 활동을 기다리는 것은 발달 특성상 매우 어렵다. 따라서 유아의 흥미를 이끄는 주의집중 방법이 필요하다. 주로 많이 하는 방법은 손유희로 다음을 고려할 수 있다.

• 주제와 관련하여 새 노래로 배웠던 노래와 손유희 활용
 –이를 위해서는 새 노래 지도 시 손 동작을 함께 배울 수 있도록 계획해야 한다.

• 주제와 관련 없지만, 유아들이 좋아하는 노래와 손유희 활용
 –일반적으로 잘 알려진 손유희 노래를 활용할 수 있다. 이때 손유희 동작은 아래 제시된 바와 같이, 교사가 유아의 발달에 적합하게 수정할 수 있다.

• 유아 발달에 적합한 손유희 동작 고려
 –저연령 유아의 경우에는 소근육 발달이 미성숙하여 손가락 하나하나를 따로 움직이는 것이 어려우므로 손바닥 전체나 하나의 손가락을 움직이도록 하는 것이 좋다. 고연령 유아의 경우에는 소근육이 성숙하였고, 소근육과 관련한 인지 발달을 도모하기 위해 손가락 하나하나를 따로 움직여 보도록 하는 것이 좋다.

• 교사의 목소리 고려
 –혼란스러운 상황에서 유아의 주의집중을 위해서는 교사가 자신의 목소리 크기나 속도를 적절히 조절하는 것이 필요하다. 이를 통해 교사의 노랫소리에 유아가 집중할 수 있다.

저연령 유아를 위한 손유희 예

코끼리와 거미줄

1-4. 한 마리코끼리가 거미줄에걸렸네 신 나게그네를 탔 다 네

(손가락으로 마리 수 표시하기)

(양손 모두 벌려, 얼굴 앞을 가리기)

(손깍지 끼고 가슴 앞에서 좌우로 흔들기)

5. 다섯 마리코끼리가 거미줄에걸렸네 신 나게그네를 탔 다 네

(손가락으로 다섯 마리 표시하기)

(양손 모두 벌려, 얼굴 앞을 가리기)

(손깍지 끼고 가슴 앞에서 좌우로 흔들기)

1-4. 너 무 너 무 재 미 가 좋아좋아랄랄라 다른친구코끼리를 불 렀 네

(얼굴 좌우 옆에서 각각 박수 2번, 3번 치기, 반복하기)

(양손을 벌려 좌, 우 아래로 내리기)

(가슴 앞에서 박수 3번 치기)

5. 너 무 많 은코끼리가 올 라 탔 네 랄 랄 라 그 만 그 만 톡 톡 하 고 끊어 졌대 요

(얼굴 좌우 옆에서 각각 박수 2번, 3번 치기, 반복하기)

(깍지 끼고 가슴 앞에서 좌우로 흔들기)

(양손을 양옆으로 펼쳐 내리기)

고연령 유아를 위한 손유희 예

잉잉잉

김성균 작사·곡

(양 손가락을 모두 펴서 산 모양을 만들기)

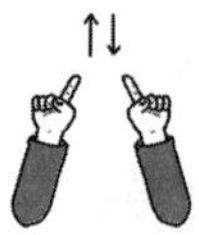

(양손 검지손가락을 위로 올린 채로 올렸다 내렸다 반복하기)

(양손 검지손가락만 위로 올리기)

(양손 검지, 중지손가락만 위로 올리기)

(양손 검지, 중지, 약지손가락만 위로 올리고, 양옆으로 흔들기)

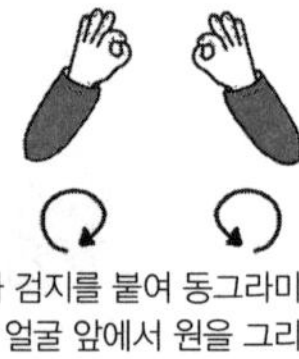

(엄지와 검지를 붙여 동그라미를 만들고, 얼굴 앞에서 원을 그리기)

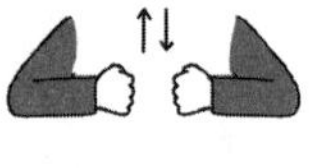

(주먹을 쥐고, 위 아래로 번갈아 흔들기)

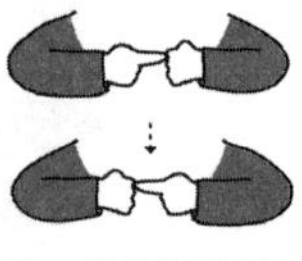

(한 손은 주먹 쥐고, 한 손은 검지손가락만 펴서 서로 부딪히기, 손 바꿔서 같은 동작 반복하기)

(주먹 쥔 양손을 얼굴 앞에 두고, 좌우로 흔들기)

제8장

일화기록과 놀이기록

이 장은 교사의 현장 연구 방법과 관련하여 현장에서 가장 많이 활용되는 일화기록 관찰법에 대해 이해하고, 관찰 능력을 기르는 것을 목표로 한다. 또한 「2019 개정 누리과정」에서 유아의 놀이를 이해하고, 놀이중심 교육과정을 실현하기 위해 강조하는 놀이기록에 대해 이해하고, 효과적 놀이기록 실천과 활용 능력을 기르는 것을 목표로 한다.

1. 일화기록 관찰법
2. 놀이기록

1. 일화기록 관찰법

1) 관찰의 개념과 목적

관찰은 양질의 유아교육 실현을 위해 매우 중요한 교사 역할의 하나라고 할 수 있다. 즉, 관찰을 통해 교사는 유아가 위험 상황에 놓였는지, 아프지 않은지 파악할 수 있어 유아를 안전하게 보호할 수 있다. 그리고 유아의 발달 상태를 파악하고, 또래와 발달 규준과 그 수준을 비교할 수 있다. 또한 관찰을 통해 유아가 보이는 흥미를 파악함으로써 유아 발달과 흥미에 적합한 교육을 계획하고 실천할 수 있다. 그리고 유아 행동의 원인을 파악할 수 있어 문제행동을 보인 유아를 효과적으로 지도할 수 있다. 따라서 유아 교사는 관찰로 수집된 자료를 분석하여 개별화된 교육을 계획하고 실천할 수 있어야 하며, 실질적 부모상담을 통해 효과적 가정연계교육이 이루어지도록 해야 한다.

특히, 유아 교사에게 관찰 능력이 중요한 이유는 유아가 자신의 위험 상황을 알아차리기 힘들고, 아픔을 인지하여 도움을 호소하는 데 제약이 있기 때문이다. 또한 자신의 흥미나 문제행동의 원인에 대해 생각을 논리적으로 말할 수 있는 언어 능력이 아직 발달하지 않았고, 집중시간이 짧아 발달수준을 점검할 수 있는 표준화된 검사를 실시하기 어려우며, 검사라는 인위적 상황에 대한 정서적 부담과 스트레스로 인해 검사 결과를 신뢰하기가 어렵기 때문이다. 따라서 유아 교사는 양질의 교육을 수행하기 위해서 관찰 능력을 기르는 것이 매우 중요하다고 할 수 있다.

유아 교사의 관찰 목적을 구체적으로 살펴보면 다음과 같다.

- 유아를 안전하게 보호할 수 있다.

- 유아의 현재 발달 상태를 파악할 수 있다.
- 유아의 흥미를 파악할 수 있다.
- 유아 행동의 원인을 파악할 수 있다.
- 또래와 발달수준을 비교할 수 있다.
- 개별화된 교육을 계획할 수 있다.
- 실질적 부모상담을 통해 효과적 가정연계교육을 수행할 수 있다.

2) 일화기록 관찰 방법

관찰법의 종류에는 일화기록, 표본식 기록, 시간표집법, 사건표집법, 평정척도법, 행동목록법, 포트폴리오 등이 있으나 현장에서 가장 많이 사용하고, 실습 시 수행하게 되는 일화기록에 대해 구체적으로 살펴보면 다음과 같다.

(1) 개념

일화기록은 유아가 보이는 행동이나 사건을 주관적 개입 없이 객관적인 입장에서 사실만은 기록하는 것으로 유아의 언어적 · 행동적 표현을 구체적으로 기록하는 것을 의미한다. 따라서 일화기록을 위해서는 필기도구가 필요하며, 녹음을 할 수 있는 녹음기도 앞치마에 넣어 소지하고 다니다가 필요에 따라 수시로 사용할 수 있다.

(2) 관찰 절차

효과적 일화기록 관찰을 위한 절차는 다음과 같다.

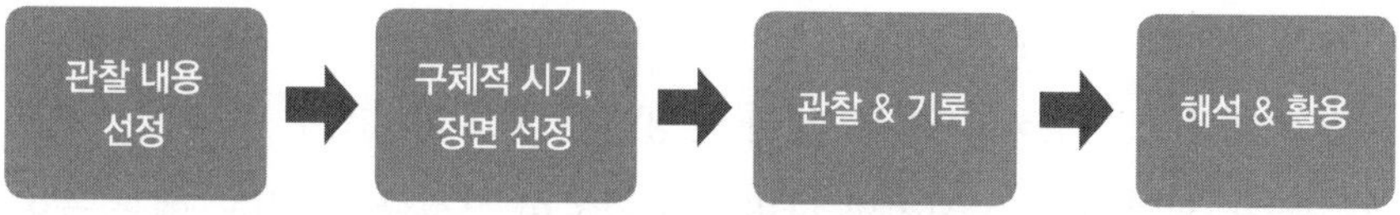

[그림 8-1] **일화기록 관찰 절차**

① 관찰 내용 선정

일화기록 관찰을 하고자 할 때는 관찰 내용을 먼저 선정하는 것이 필요하다. 관찰 내용은 활동 유형, 특정 유아, 특정 영역에서의 놀이 등으로 구분할 수 있다. 활동 유형의 경우에는 집단활동인지 자유놀이인지에 따라 주요 관찰 내용이 달라질 수 있다.

- **대(소)집단활동**

대(소)집단활동 시에는 주로 활동에 대한 유아의 흥미 여부를 파악할 수 있고, 인지 발달과 관련하여 주의집중 능력과 활동 이해 및 해결 능력, 언어 능력과 관련하여 듣기, 말하기 능력을 주로 파악할 수 있다. 또한 사회정서 발달과 관련하여 사회적 규칙 지키기 능력을 파악할 수 있고, 신체 발달과 관련하여 앉은 자세와 소근육 발달 등을 파악할 수 있다.

- **자유놀이**

자유놀이 시에도 주로 유아의 흥미를 파악할 수 있고, 인지 발달과 관련하여 주의집중 능력, 사회정서 발달과 관련하여 또래관계, 대인관계 기술, 친사회적 행동, 사회적 규칙 지키기 능력을 파악할 수 있다. 언어 능력과 관련하여서는 또래와의 의사소통 능력 등을 파악할 수 있다.

② 구체적 시기, 장면 선정

관찰 내용을 선정하고 난 후, 일과 운영에 방해가 되지 않는 범위에서 관찰과 기록을 위한 구체적 시기와 장면을 선정하여 실시할 수 있다. 예를 들어, 안전보호가 우선이 되어야 하는 견학이나 실외자유놀이 시간에는 일화기록보다는 교사를 보조하는 것이 필요하며, 집단활동 시간에도 유아가 아직 활동에 집중하지 못한 경우에는 일화기록을 위한 수첩과 펜이 유아의 흥미 요소가 될 수 있으므로 활동에 집중할 때까지 기다렸다가 조용히 꺼내어 시작하는 것이 좋다.

③ 관찰 & 기록

일화기록은 관찰과 동시에 기록을 하는 것으로 관찰은 약 5~10분 정도 하며, 기록하는 방법은 일정한 형식이 없고, 서술식으로 다음을 유의하여 기록한다.

- 관찰하는 행동/사건에 대해 가급적 육하원칙에 따라 기술
- 현재형으로 기록
- 유아가 한 말은 직접화법으로 그대로 기술
- 핵심 단어를 사용하여 객관적 사실만을 간단히 기록
- 일과가 끝난 후 가급적 빨리 기록을 완성하기

기록을 할 때는 개인적 의견이나 편견이 포함되지 않도록 기록해야 한다.

④ 해석 & 활용

기록을 해석하여 활용하고자 할 때에는 유아의 발달 상태, 흥미를 중심으로 파악하며, 가치 판단을 하지 않고, 유아의 전인 발달을 위한 목적으로 활용하는 것이 좋다. 또한 행동 원인을 파악한 경우, 계속적 관찰을 통해 원인과 행동이 반복되는지 관찰해야 하며, 반복되는 경우 적절한 지도 방법을 찾으려고 노력하는 것이 좋다.

기록한 것을 바탕으로 개별화된 교육계획을 할 수 있으며, 가정의 부모와 효과적 상담을 실시할 수 있다.

(3) 장점과 단점

일화기록의 장점은 사건이나 행동에 대해 집중적으로 관찰하고 서술식으로 기록하므로 다른 관찰 방법(예: 평정척도법 등)에 비해 유아를 포괄적으로 이해할 수 있다. 또한 관찰 체크리스트 등을 먼저 제작하지 않고, 단순히 필기도구만 있으면 되므로 손쉽게 활용할 수 있다. 그리고 반복적으로 기록을 수집하여 종합하면 유아를 이해하는 데 매우 중요한 자료가 될 수 있다.

일화기록의 단점은 핵심 단어를 중심으로 기록한 후, 추후 기록을 완성하기 때문에 시간이 많이 지난 경우에는 관찰자의 편견이 포함될 소지가 있으며, 서술식으로 기록해야 하므로 관찰에 부담이 있다. 또한 전체 일과를 기록하는 것이 아니므로 유아를 해석할 때 오류를 범할 가능성이 있다. 따라서 이러한 단점을 보완하기 위해 포트폴리오 등의 다른 관찰법을 함께 활용하여 종합적으로 해석하는 것이 좋다.

3) 일화기록 작성 예시

일화기록 작성 양식과 예시는 다음과 같다.

표 8-1 일화기록 작성 양식과 예시

관찰 대상	OOO(4세)	생년월일	OOOO.OO.OO(㊚, 여)
관찰 일시	OOOO. OO. OO. (10시~10시 05분, 자유놀이 시간)	관찰 장소	미술영역
관찰 상황	실내자유놀이 시간의 미술영역에서 놀이 상황		
관찰 기록	OO가 그림 그리기를 하고 있는 2명의 여아들(***, &&&)을 쳐다보며, 종이를 양손으로 만지고 있다. OO가 일어서서 여자 친구들 바로 옆자리로 이동해 앉아 쳐다본다. 이전과 달리 종이를 더 세게 힘을 주어 만진다. 일어서서 여자아이들을 보더니 종이를 여자아이들에게 던진다. ***가 "야! 하지 마!"라고 OO를 바라보며 말하고, &&&와 함께 OO를 약 5초간 노려본다. OO는 여자 친구들을 뒤돌아 잠깐 쳐다보고 쌓기영역 쪽으로 간다.		
해석	OO가 두 명의 여자 친구와 놀이를 하고 싶었던 것으로 해석할 수 있음. 종이를 던지는 문제행동을 보임. 계속적으로 관찰을 통해 또래관계에 대해 관찰을 할 필요가 있으며, 문제행동이 또 나타나는지 관찰하고, 반복되는 경우 지도할 필요가 있음.		

2. 놀이기록

1) 놀이기록의 개념과 목적

「2019 개정 누리과정」은 유아중심, 놀이중심 교육과정으로 유아의 놀이에 대한 이해를 기초로 유아의 주도적 놀이를 배움으로 확장시키기 위한 놀이 지원 교육을 강조한다. 따라서 이를 실현하는 교사의 역할로 강조되는 것이 바로 유아 놀이에 대한 기록이며, 놀이기록은 교육과정의 계획, 운영, 평가 모두에 중요한 역할을 한다. 이전 교육과정인 「3~5세 연령별 누리과정」에서 주로 평가의 목적으로서 관찰기록을 수행한 것과 차이가 있다고 할 수 있다(교육부, 보건복지부, 2019).

놀이기록의 개념은 유아의 놀이를 기록하면서 교사의 자유로운 판단과 해석 또한 함께 기록가능한 것으로 유아 놀이 이해에 목적을 두고 이루어진다. 놀이기록은 이후 교육과정을 실행하는 근거가 된다.

2) 놀이기록 방법과 활용

유아의 놀이가 다양하고 예측불가능한 만큼 놀이기록을 하는 데 일정한 양식과 방법은 존재하지 않는다(교육부, 2020). 교사의 교육적 판단에 의해 놀이를 이해할 수 있는 효과적인 방법을 사용하여 기록할 수 있다. 다만, 일반적으로 놀이를 효과적으로 이해하기 위한 놀이기록 실천과 관련하여 다음이 안내된다.

(1) 놀이기록 시기

놀이기록이 필요한 시기는 일반적으로 다음과 같다(교육부, 2020).

- 유아의 놀이가 지속되어 관심과 흥미를 보일 때
  -유아의 관심과 흥미를 이해하고자 놀이기록
- 교사가 제안한 놀이에 참여할 때
  -놀이를 어떻게 주도하며 놀이하는지 이해하고자 놀이기록
- 놀이 지원 자료를 제공한 후, 놀이가 이루어질 때
  -자료를 활용한 놀이가 어떻게 이루어지는지 이해하고자 할 때 놀이기록

–자료 활용이 어떻게 이루어지는지 이해하고자 할 때 놀이기록
- 일반적인 기대와 다르게 놀이가 이루어질 때

(2) 놀이기록 내용

놀이기록을 할 때 주로 유아의 독특한 놀이 움직임이나 표정, 혼잣말과 대화, 그림 등의 결과물을 기록할 수 있다. 또한 누구와 놀이하는지, 어떤 관계를 맺고 놀이하는지를 기록할 수 있으며, 놀이의 진행 과정을 기록할 수 있다(교육부, 2020). 다만 놀이 결과에만 초점을 두기보다는 과정을 이해하려는 노력이 요구된다(교육부, 보건복지부, 2019; 양수영, 2023).

(3) 놀이기록 방법

놀이기록의 형식이나 분량은 교사의 자율에 맡겨지며, 가급적이면 사진이나 메모, 동영상, 녹음 등의 다양한 방식을 활용하는 것이 유아의 놀이를 다각적으로 이해하는 데 도움이 된다(양수영, 2023; Merewether, 2018; NAEYC, 2008).

(4) 놀이기록 시 유의점

놀이를 주의 깊게 관찰하며 교사 주관적 판단과 해석을 하되, 사실에 입각하여 기록하는 것이 필요하며, 놀이와 유아를 이해하고, 놀이를 통해 스스로 배우는 것이 무엇인지 이해하려는 자세를 갖는 것이 필요하다(교육부, 2020).

(5) 놀이기록의 활용

놀이기록은 본래 목적에 맞게 유아와 놀이를 이해하고, 유아의 놀이를 지원하기 위한 계획을 세우는 근거로 활용되어야 한다. 따라서 놀이기록 결과를 토대로 놀이의 교육적 의미 짓기의 과정이 필요하며, 이때 표준화된 교육

과정의 교육내용과 연결지어 볼 수 있고, 이후 놀이를 통해 배움이 확장될 수 있도록 교사의 지원 내용과 방법을 계획하고 실천할 수 있어야 한다(교육부, 보건복지부, 2019; 양수영, 2023; NAEYC, 2008; Seitz, 2006). 또한 가정과 공유를 통해 가정에서도 유아의 놀이가 지지될 수 있도록 해야 한다(양수영, 2023; Brown-DuPaul, Keyes, & Segatti, 2001).

제9장

교재교구 제작 및 활용

이 장은 교재교구 제작과 활용 원리 및 유의점에 대해 이해하도록 함으로써
양질의 교육 운영을 위한 교재교구 제작 및 활용 능력을 기르는 것을 목표로 한다.

1. 개념 및 필요성
2. 제작 및 활용 원리
3. 제작 및 활용 시 유의점

1. 개념 및 필요성

1) 개념

사전적 정의에 따르면, 교재는 학문이나 기예 따위를 가르치거나 배우는 데 필요한 재료를 의미하고, 교구는 학습을 구체화 · 직관화하는 것으로서 효과적으로 교육이 이루어지기 위해 사용되는 도구를 말한다(표준국어대사전, 2018).

교육과학기술부(2014)의 정의에 따르면, 교재는 주로 교수하는 데 필요한 재료로 교사의 수업 보조자료를 의미하며, 교구는 유아가 학습한 것을 놀이를 통해 스스로 구체화하고, 이해하도록 돕기 위해 활용되는 구체물을 의미한다. 그러나 대체로 교재와 교구를 구분하여 사용하기보다는 교재교구를 혼용하여 사용하는 것이 일반적이다.

2) 필요성

교재교구는 다음의 유아 인지 발달 특성으로 인해 효과적 교육을 위해서 매우 필요하다.

첫째, 유아는 인지 발달 측면에서 스스로 목표 설정을 하여 주의집중을 하기보다는 활동의 감각적 흥미 요소에 기초하여 주의집중을 하고, 유지하므로(양수영, 2012, 2013b) 흥미로운 감각적 교재교구는 양질의 교육을 위해 매우 중요하다.

둘째, 유아는 인지 발달 측면에서 소극적 자세로 단순히 보여지는 시청각적 자극을 뇌에서 스스로 조직하고, 이해하는 것이 추상적이기 때문에 매우 어려우므로(양수영, 2012, 2013b) 유아의 오감각을 활용한 조작적 경험을 가능하게 하는 교재교구를 통해 학습에 대한 적극적인 참여를 이끌어 냄으로써 효과적 이해가 가능하도록 도울 수 있다.

위와 같은 이유로 유아교육에서 교재교구는 매우 중요하다고 할 수 있다.

2. 제작 및 활용 원리

교재교구를 제작 및 활용할 때는 다음의 학습경험의 방향성 원리를 따라 제작해야 한다.

1) Hoban과 Zisman(1937)의 지적 경험 일반화

Hoban과 Zisman(1937)은 효과적 학습을 위해서는 구체적인 경험에서 시작하여 일반적 원리와 원칙을 구성하도록 해야 한다고 주장하였다. 그리고 모든 경험을 언어와 연관 지음으로써 경험이 일반화된다고 보았다. 따라서

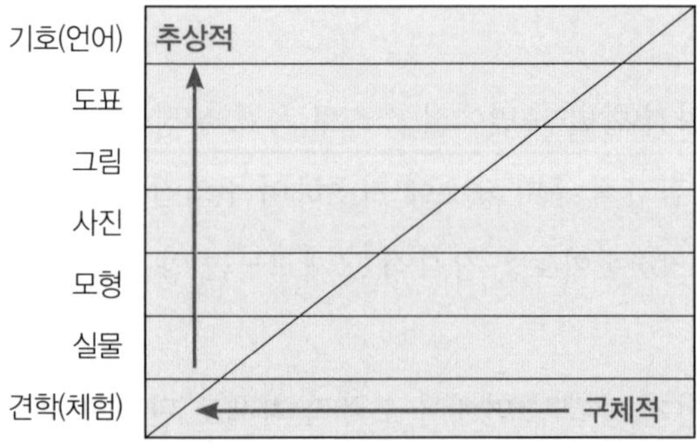

[그림 9-1] Hoban과 Zisman(1937)의 지적 경험 일반화

새로운 주제가 시작될 때 견학 등의 구체적 경험을 시작으로 사진 자료, 그림 자료로 학습경험을 조직화하여 제공하는 것이 필요하며, 모든 경험은 언어와 함께 제시되어야 한다.

예를 들어, 동물 주제가 시작될 때 가장 먼저 동물원 견학을 계획할 수 있으며, 이후 동물 사진을 제공해 동물을 다시 경험하도록 할 수 있다. 그리고 동물 그림이나 그림자, 동물 명칭 카드를 통해 경험하도록 할 수 있다. 이때 모든 경험에는 관련된 교사 상호작용을 포함한 언어적 경험이 동반되어야 한다.

2) Dale(1969)의 경험의 원추

Dale(1969)은 경험의 원추를 제안하면서 개념 형성을 위해서는 행동적 경험에서 시청각적 경험으로, 그리고 추상적 경험을 해야 의미 있는 학습이 가능하다고 주장하였다. 따라서 새로운 개념을 학습할 때 유아에게 먼저 행동

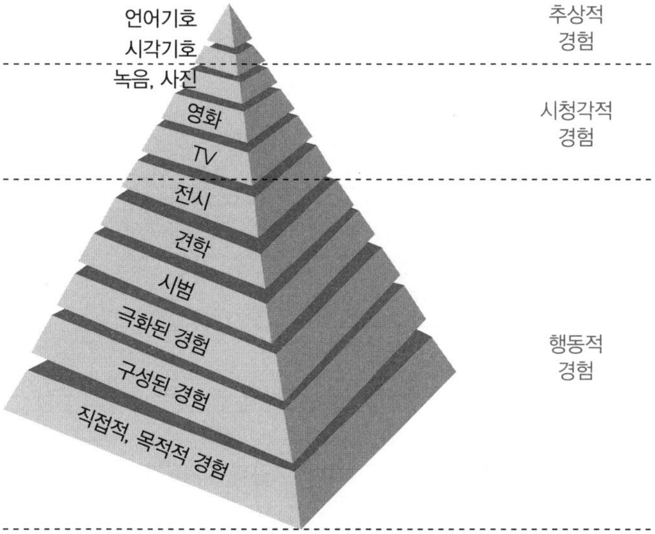

[그림 9-2] **Dale(1969)의 경험의 원추**

으로 표현해 볼 수 있도록 기회를 제공한 후, 관련 개념을 스토리가 있는 동화나 사진, 그림으로 경험하도록 하고, 그다음으로 언어나 기호를 활용한 상징적 경험을 하도록 해야 한다. 또한 발달수준에 따라 제공할 경험의 위치를 고려하여 발달에 적합한 교육을 실천할 수 있다.

예를 들어, 숫자 학습을 할 때 먼저 숫자의 모양을 몸으로 표현해 보도록 하고, 이후 숫자 모양과 관련한 동화나 노래, 그림과 사진을 경험하도록 할 수 있다. 그러고 나서 숫자 기호를 상징적으로 경험하도록 할 수 있다. 또한 발달수준 단계가 높은 유아에게는 숫자 동화나 숫자 기호를 바로 경험하도록 할 수 있으며, 발달수준 단계가 낮은 유아에게는 숫자를 몸으로 표현하는 활동에 보다 치중할 수 있다.

3) Finn(1964)의 검은 상자 모형

Finn(1964)은 검은 상자 개념을 제안하였는데, 검은 상자란 교수 · 학습 과

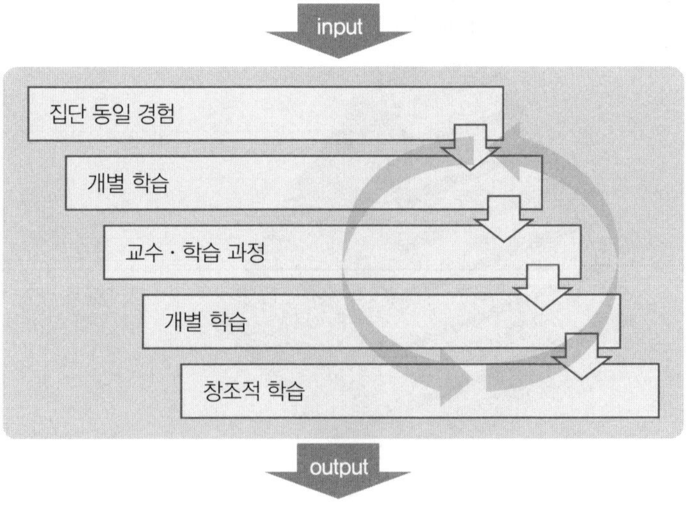

[그림 9-3] **Finn(1964)의 검은 상자 모형**

정을 의미한다. 즉, 교재교구를 활용하여 수업을 진행할 때 동시에 행해지는 교수 · 학습 과정은 어떻게 이루어지는지 예측하기 어렵다고 하여 검은 상자라고 이름을 지었다. 다시 말해, 똑같은 교재교구를 활용한 경험을 제공한다고 하더라고 그것을 활용한 교사에 따라 혹은 학습자에 따라 그 효과가 달라진다고 보았다. 따라서 교재교구를 활용한 효과적 교육을 위해서는 교수 · 학습의 과정, 즉 교사-학생 간 상호작용, 학생-학생 간 상호작용까지 의미있게 고려해야 한다.

3. 제작 및 활용 시 유의점

1) 제작 시 유의점

(1) 수업 보조 매체로서의 교재교구 제작 시 유의점

수업의 보조 매체로서 활용할 교재교구를 제작할 때 유의할 점은 다음과 같다.

- 놀이 주제(주제)와 활동 목표에 적절한지 유의해야 한다.
- 수업의 단계를 고려하여 도입, 전개, 마무리 단계별 특성에 적합하게 제작해야 한다.
- 명료성을 고려하여 큰 사이즈로 제작하는 것이 좋다.
- 간결성을 고려하여 목표와 관련된 중요 내용 위주로 제시되도록 제작하는 것이 좋다.
- 구체성을 고려하여 추상적 기호로만 제시하기보다 이미지 등을 함께 제시하도록 제작하는 것이 좋다.

- 교사 활용이 용이해야 하므로 가벼운 재료로 제작하는 것이 좋다. 예를 들어, 하드보드지로 제작하는 것보다는 우드락으로 제작하거나 종이를 코팅한 것이 좋다.
- 유아의 흥미를 지속시킬 수 있도록 흥미로운 요소를 포함하는 것이 좋다.
  - 특히 정적 활동을 위한 경우, 흥미 요소를 반드시 포함하도록 고려해야 한다.
  - 흥미 요소를 위해서는 유아가 직접 나와 참여할 수 있도록 벨크로를 활용해 자료를 떼고, 붙이는 과정을 포함할 수 있으며, 퀴즈 등의 요소를 포함시킬 수 있다.
- 준비된 교재교구는 모든 유아의 언어와 수 능력 증진을 배려하여 제작하는 것이 좋다.
  - 되도록이면 놀이 주제와 관련한 명칭을 함께 적어서 제시하는 것이 좋다. 이때 사용되는 글자체는 멋 내기 글자체가 아닌, 신명조체 등 글자 모양을 유아가 올바르게 인식할 수 있는 글자체를 사용해야 한다. 만약 문장의 경우에는 띄어쓰기도 고려하여 제작해야 한다.
  - 수와 관련한 경우, 숫자와 함께 아래 점 등을 함께 제시해 주어 유아가 추상적 숫자뿐만 아니라 구체적 수 세기를 통해 수학적 능력을 기를 수 있도록 도와야 한다.
- 반편견적 교육에 적합하도록 제작해야 한다.
- 앞서 학습한 학습 경험의 방향성 원리를 적절히 고려해야 한다.

수업 보조 매체로서의 교재교구 예와 적절성 평가
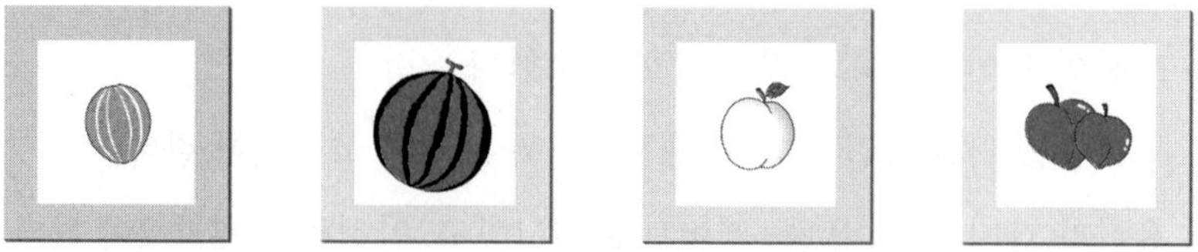 • 놀이 주제: 여름 먹거리 • 주제: 여름 과일 • 활용되는 활동(연령): 이야기 나누기(3세) • 교재교구 제작 방법: 하드보드지를 사각(10cm×10cm)으로 자르고, 그 위에 과일 그림 카드(7cm×7cm) 붙인 후, 투명 시트지 씌움 • 교재교구 활용 방법: 전개 부분에서 하나씩 보여 주고, 어떤 과일인지 알아보며, 먹어 본 경험을 이야기 나눔 * 수업 보조 매체로서의 교재교구가 적절한지 평가해 보세요.

(2) 놀잇감으로서의 교재교구 제작 시 유의점

- 놀이 주제(주제)와 활동 목표에 적절한지 유의해야 한다.
- 교재교구가 제공될 놀이 영역의 놀이 목표에 적절한지 유의해야 한다.
- 자연스러운 언어와 수교육이 이루어지도록 제작해야 한다.
- 교재교구를 활용할 유아의 발달에 적절한지 유의해야 한다.
  - 동일 연령이더라도 개인차를 고려하여 난이도 조절이 가능하도록 제작해야 한다.
  - 사회성 발달과 관련하여 개별/협동놀이(2~4인용)가 가능하도록 제작해야 한다.
  - 정서 발달과 관련하여 유아가 성취감을 느낄 수 있도록 정답요소가 있거나 정리 규칙이 있는 것이 좋다.
- 유아의 심미감 증진을 고려하여 색채, 디자인, 질감 등을 다양하게 활용하여 제작해야 한다.

- 정리가 용이하고 분실우려가 없도록 정리 바구니나 정리 상자 등을 함께 제공해야 한다.
- 보관이 용이하도록 크기가 적절해야 한다.
  –보관을 위한 공간 절약이 가능하도록 크기를 고려해야 한다.
- 유아가 가지고 놀이하는 것이므로 견고하고, 안전하게 제작해야 한다. 이를 위해 튼튼한 폐품을 활용하는 것도 도움이 되며, 모서리가 날카롭지 않은지, 뾰족한 부분은 없는지, 유해한 재료는 아닌지 등 확인해 보아야 한다.
- 반편견적 교육에 적합하도록 제작해야 한다.
- 앞서 학습한 학습 경험의 방향성 원리를 적절히 고려해야 한다.

놀잇감으로서의 교재교구 예와 적절성 평가

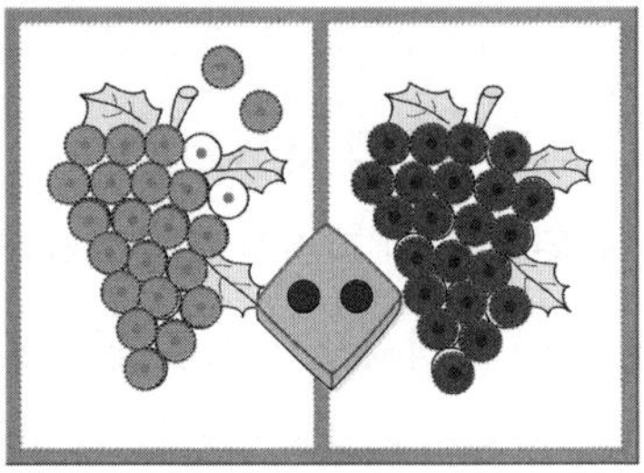

- 놀이 주제: 여름 먹거리
- 주제: 여름 과일
- 제공되는 놀이영역(연령): 수조작영역(3세)
- 교재교구 제작 방법:
  하드보드지를 사각(50cm×50cm)으로 자르고, 반으로 칼집을 내어 접은 후 양면에 동일한 포도 그림을 붙임. 시트지를 씌운 후, 포도송이마다 벨크로테이프를 붙이고, 부직포로 포도알을 초록색, 보라색 같은 개수로 자른 후 앞뒤로 하나가 되도록 붙임. 주사위를 하드보드지로 만들고, 각 면에 수를 표현함
- 교재교구 활용 방법:
  포도 익히기 게임으로 초록색 면으로 다 붙여 두고, 주사위를 굴려 나온 숫자만큼 뒤집어 보라색으로 만드는 게임. 가장 먼저 포도 전체를 보라색으로 익히는 사람이 이기는 게임

* 놀잇감으로서의 교재교구가 적절한지 평가해 보세요.

2) 활용 시 유의점

(1) 수업 보조 매체로서의 교재교구 활용 시 유의점

집단활동 시 제작한 교재교구를 효과적으로 활용하기 위한 유의점은 다음과 같다.

- 수업의 보조자료로 활용하는 것이므로 놀이 주제와 활동의 목표에 맞게 적절히 활용할 수 있도록 해야 한다.
- 명료성, 간결성, 구체성을 고려하여 교재교구 크기가 작은 경우 실물화상기 등을 활용하거나 간결성을 위해 중요 내용을 손가락으로 짚어 줄 수 있다. 또한 구체성을 위해 교사의 행동, 소리로 구체적 경험을 추가로 제시할 수 있다.
- 유아의 흥미를 이끌고 주의집중을 위해 유아 참여가 가능하도록 활용해야 한다. 또한 너무 많은 자료를 한꺼번에 제시하여 보여 주는 것보다는 수업에 필요한 것만 차례로 제시하여 보여 주는 것이 집중에 도움이 된다.
- 교사를 가리지 않도록 융판을 활용해 제시하는 것이 유아가 활동에 집중하는 데 도움이 된다. 또한 이미 활용한 교재교구나 추후 활용할 교재교구는 융판 뒤(바구니 속)에 보이지 않게 두는 것이 좋다.
- 언어와 수 발달을 고려하여 명칭이나 수가 작성된 교재교구를 제시할 때는 교사가 손가락으로 언어나 수를 가리키며 천천히 읽어 주는 것이 좋다. 상황에 따라서는 유아가 읽어 보거나 다 함께 읽어 보기를 할 수도 있다.

(2) 놀잇감으로의 교재교구 활용 시 유의점

- 자유놀이 시간에 교재교구를 제시할 때는 제공하기 전, 놀이 방법과 규

칙에 대해 교재교구 관련 집단활동에서 미리 교사와 함께 놀이하면서 이해해 보도록 하는 것이 좋다.

- 교재교구 활용방법이 복잡하지 않다면, 놀이 시간 전이나 시작에서 잠깐 소개하는 시간을 가질 수도 있다.
- 교사는 자유놀이 시간에 유아의 놀이를 관찰하여 놀이 방법과 규칙에 맞게 놀이할 수 있도록 놀이에 함께 참여하거나 시범 보일 수 있다.
- 교사는 유아가 발달에 적합하게 교재교구를 활용할 수 있도록 놀이 방법을 수정 · 보완하여 안내하거나 새로운 놀이 방법을 창안해 보도록 격려해 볼 수 있다.
- 놀이 주제에 따라 적절한 주기로 교재교구를 교체해 주어야 한다.
- 유아가 스스로 정리정돈을 할 수 있도록 교재교구 바구니와 교구장에 정리정돈을 위한 기호를 통일성 있게 제시해 주어야 한다.
- 하루일과가 끝나고 난 후에는 정리정돈 상태를 확인하고, 보수가 필요한 곳이 없는지 분실된 것은 없는지 확인하고 관리해야 한다.

제 10 장

실습 평가

이 장은 실습 전 실습 평가 기준을 이해하여 실습에 대비하고, 성공적으로 실습을 마칠 수 있도록 돕고자 한다. 또한 실습 후 실습 경험에 대해 스스로 평가해 보도록 함으로써 자기 성찰의 시간을 갖고, 교사로서의 전문성 향상에 도움이 되는 것을 목표로 한다.

1. 실습 평가 기준
2. 객관적 자기 평가
3. 반성적 평가

1. 실습 평가 기준

유치원 교육실습에 대한 교육부(2023)가 제시한 평가 기준 예시는 다음과 같다.

표 10-1 유치원 교육실습 평가 기준

평가 내용	배점
근무 태도	10%
자질	15%
학습지도능력	50%
연구조사활동	15%
학급경영 및 사무처리능력	10%
총평	100%

※ 평가 내용과 배점은 기관과 대학에 따라 변동이 가능함.

구체적인 평가 기준의 예를 살펴보면 다음과 같다.

(1) 근무 태도

- 실습생 출근부에 근거하여 성실히 출근하였는지 평가
- 출근 시간을 엄수하였는지 평가

(2) 자질

- 교사다운 용모나 복장을 하였는지 평가
- 교사다운 언어 사용을 하였는지 평가
- 표정은 밝고 온화하였는지 평가
- 유아를 존중하는 태도를 보였는지 평가

- 교사들을 대하는 태도가 협조적이고 긍정적이었는지 평가
- 기관 업무에 협조적이고, 적극적 자세를 보였는지 등을 평가

(3) 학습지도능력

- 활동 전에 미리 계획하여 논의하였는지 평가
- 일과 균형을 고려하여 계획하였는지 평가
- 활동이 유아의 발달에 적절하였는지 평가
- 활동이 놀이 주제, 주제와 적절하였는지 평가
- 활동 내용이 목표에 부합하였는지 평가
- 교수 · 학습 방법이 유아의 흥미를 끌고, 매력적이었는지 평가
- 교수자료 활용이 적절하였는지 평가
- 도입에서 주의집중 전략이 적절했는지 평가
- 유아와 상호작용을 하면서 유아 반응에 적합한 활동을 진행하였는지 평가
- 활동 평가를 적절히 하였는지 평가
- 활동 중 교사의 목소리 크기, 속도, 시선 안배 등이 적절하였는지 평가

(4) 연구조사활동

- 활동 전 활동 계획을 충실히 하였는지 평가
- 창의적 교수 · 학습 방법을 활용하였는지 평가
- 교육내용이 창의적이었는지 평가
- 일지를 성실히 작성하였는지 평가
- 유아 관찰기록 및 놀이기록을 성실히 하였는지 평가

(5) 학급경영 및 사무처리 능력

- 계획안 및 일지 작성이 적절한지 평가
- 컴퓨터 사용 능력이 적절한지 평가
- 교재교구 제작 및 활용 능력이 적절한지 평가
- 문제 상황 지도 능력이 적절한지 평가
- 주어진 일을 적극적으로 하는지 평가
- 주어진 일을 끝까지 완수하는지 평가
- 기관의 업무보조에 협조적인지 평가

2. 객관적 자기 평가

실습 후 다음의 평가 척도를 가지고 객관적으로 자신의 실습 경험을 평가해 볼 수 있다.

표 10-2 실습에 대한 객관적 자기 평가

번호	평가 항목	아니다 ——→				그렇다
1	놀이중심 교육목표를 달성할 수 있는 교육내용을 유아의 흥미, 수준에 근거하여 적합하게 선정할 것이다.	1	2	3	4	5
2	유아의 흥미와 능력, 사전 놀이 경험을 잘 관찰하여 유아 지도 계획에 활용할 것이다.					
3	놀이에 기초한 교육활동이 적절하게 계획되고 성실하게 준비되어 실행에 무리가 없도록 할 것이다.					
4	놀이에 기초한 교육활동 계획에 따라 자료 준비를 충실히 할 것이다.					
5	유아의 행동을 민감하게 파악하며 상호작용에 최선을 다할 것이다.					
6	다양한 흥미영역에 고루 참여하여 유아의 놀이가 지속되고, 확장되도록 놀이를 촉진할 것이다.					
7	유아의 기본 생활습관이 형성되도록 동기를 잘 유발할 것이다.					

8	대 · 소집단활동 시 교사로서 다양한 교수법을 활용하여 효과적으로 활동을 이끌 것이다.					
9	유아의 부정적 정서나 갈등 상황을 잘 파악하여 긍정적으로 수용하고 적절하게 해결되도록 지도할 것이다.					
10	유아의 개별적 특성, 개인차를 고려하여 지도할 것이다.					
11	유아를 존중하는 언어를 사용하고, 유아가 잘 알아들을 수 있도록 어휘, 발음, 음성의 고저, 빠르기 등에 노력을 기울일 것이다.					
12	관찰기록지 및 실습일지의 내용과 평가 등을 성실히 기록할 것이다.					
13	유아의 안전, 위생, 건강에 각별히 신경을 쓸 것이다.					
14	유아의 낮잠, 간식, 점심, 배변활동, 이 닦기, 손 닦기, 옷 입기 등 일상생활을 유아 스스로 즐겁게 할 수 있도록 지도할 것이다.					
15	통풍, 채광, 정리정돈 등 청결한 실내환경을 위해 노력할 것이다.					
16	실습 기관의 지도 방침에 적극 협력할 것이다.					
17	실습 지도교사와의 관계를 원만히 유지하며 성실히 임할 것이다.					
18	실습 동료들과 잘 협력할 것이다.					
19	유아의 놀이를 평가하여, 놀이 지원활동을 계획하고 적절히 운영하고자 관련 문헌이나 전문서적을 찾아보고 노력할 것이다.					
20	실습을 통해 교사로서의 전문성이 스스로 향상되도록 노력할 것이다.					
합계						

3. 반성적 평가

반성적 평가를 위해서는 실습 동안 매일 일과 후 저널 쓰기를 통해 자신이 경험했던 것을 회상해 보고 정리하고, 스스로 반성해 볼 수 있다. 박은혜, 이은화(1998), Yayli(2009)는 교육실습의 과정에 대한 반성적 사고를 함으로써 교사로서의 전문성을 증진할 수 있다고 주장하였다. 즉, 교육실습 동안의 반성적 저널 쓰기 효과는 실습생이 대학에서 배운 이론을 현장의 실제 경험과 연결하도록 도우며, 이를 통해 실천적 지식을 형성하도록 돕는다.

실천적 지식이란, 좋은 교사의 자질로서 강조되는 것 중 하나이며, 자신이 이론과 실제에 적합하게 재구성한 지식을 의미한다(양수영, 2013a). 따라서 실천적 지식을 형성한 교사는 자신의 가치관에 따라 현장에서 양질의 교육을 실천할 수 있다.

양수영(2013a)은 Elbaz(1983)의 실천적 지식 구성의 세 가지 측면을 고려하여 반성적 저널 쓰기 활동을 제안하였다.

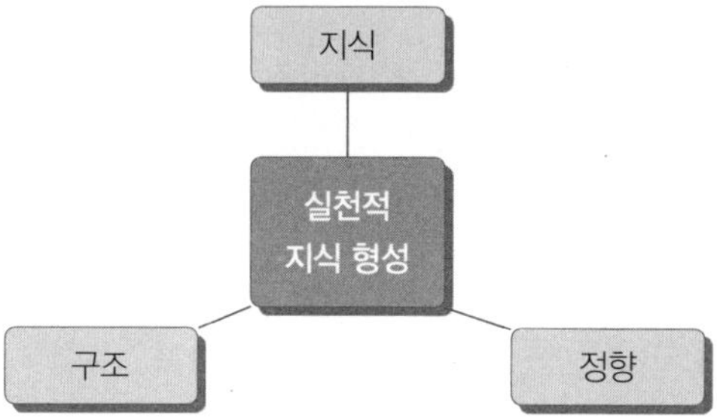

[그림 10-1] **반성적 저널 쓰기를 위한 세 가지 측면**

첫째, 지식은 대학에서 배운 지식을 일컫는다.

둘째, 정향은 대학에서 배운 지식을 실제 현장에서 적용하고 인식한 것을 일컫는다. 이는 실습생마다 개인의 특성, 경험, 이해 정도에 따라 다를 수 있다.

셋째, 구조는 지식과 정향을 토대로 한 것에 대해 스스로 평가하고 반성해 보는 것이다.

반성적 저널 쓰기를 위한 특별한 형식은 없으며, 자연스럽게 일기 쓰듯이 쓸 수 있다. 또한 저널 쓰기의 주제(예: 자유놀이 지도, 유아와의 상호작용 등)를 정하여 구조화된 저널 쓰기를 할 수도 있다.

부록

1. 실습일지 예시
2. 실습 관련 양식

1. 실습일지 예시

다음은 부산광역시 유아교육진흥원(2010)에서 제시한 우수 일일 교육계획안들을 수정 보완한 것이다. 이를 참고하여 일일 교육계획안을 작성할 수 있겠다.

<table>
<tr><th>반 이름</th><td>○○반(5세)</td><th>시기</th><td colspan="3">○○년 ○월 ○일 ○요일</td></tr>
<tr><th>놀이 주제</th><td>행복한 우리 가족</td><th>주제</th><td colspan="3">다문화 가족</td></tr>
<tr><th>전날 놀이 평가 및 지원 계획</th><td colspan="5">다문화 가정에 대한 호기심을 보이나 잘 이해하고 있지 못함. 따라서 다문화 가정 이해를 높이기 위한 지원을 계획함.</td></tr>
<tr><th>교육목표</th><td colspan="5">• 다양한 가족 구성이 있음을 안다.
• 나라는 달라도 가족의 개념은 같음을 이해한다.
• 다문화 가족의 친구들을 위해 할 수 있는 일을 동극으로 표현해 본다.</td></tr>
<tr><th>일과
시간표</th><td>08:50~09:00
09:00~10:00
10:00~10:25
10:25~10:50
10:50~11:50
11:50~12:00
12:00~13:20
13:20~14:00
14:00~14:30</td><td colspan="4">등원
자유놀이
정리 및 평가
이야기 나누기: 같은 나라 사람끼리만 가족일까요?
바깥놀이
정리 및 손 씻기
점심 및 양치질하기
동극 〈푸지에는 내 친구〉
평가 및 귀가</td></tr>
<tr><th>시간/활동 명</th><th>활동 목표</th><th colspan="2">활동 내용</th><th>자료 및 유의점</th><th>평가</th></tr>
<tr><td>08:50~09:00
등원</td><td>• 바르게 인사한다.
• 자신의 물건을 제자리에 정리한다.</td><td colspan="2">• 교사, 친구들과 인사를 나눈다.
• 출석 스티커를 붙이고 가방을 바르게 정리한다.
• 오늘의 날짜, 요일을 알아본다.
• 오늘의 새로운 자유놀이를 알아본다.</td><td>• 유아들을 반갑게 맞이하고 유아의 건강상태를 살핀다.
• 날짜판
• 스티커
• 새로운 자유놀이 교재교구(언어영역)</td><td></td></tr>
</table>

09:00~10:00 자유놀이	• 다양한 가족 형태를 구분할 수 있다.	[언어영역] 어떤 가족일까요? • 다양한 가족 구조 그림을 보며 이야기를 나눈다. • 게임 자료를 보면서 게임 방법을 알아본다. ① 아파트 게임판을 나누어 갖는다. ② 순서를 정한다. ③ 수수께끼를 읽어 본다. ④ 수수께끼에 해당하는 그림 카드를 찾아 그 집에 놓는다. ⑤ 아파트 동의 12칸을 모두 채우면 끝난다. • 게임을 한다. • 평가를 하고 정리한다.	• 게임판 2개 • 다양한 가족 카드 • 가족 설명 카드	
10:00~10:25 정리 및 평가	• 스스로 놀잇감을 정리한다. • 놀이를 평가한다.	• 놀잇감을 제자리에 정리한다. • 놀이를 평가한다.		
10:25~10:50 이야기 나누기	• 다문화 가족에 관심을 가진다.	같은 나라 사람끼리만 가족일까요? • 다른 나라 사람과 결혼하여 구성된 가족을 본 적이 있는지 이야기를 나눈다. • 동영상을 보면서 다문화 가정의 모습에 대해 이야기를 나눈다. • 다른 나라 사람끼리 결혼하여 이룬 가족도 서로를 사랑하는 마음은 같음을 이야기 나눈다.	• 아파트 모양의 그림 자료 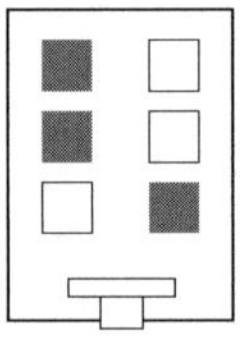 (색칠된 창문을 열면 다양한 다문화 가정의 모습이 나옴.) • 다문화 가정의 즐거운 모습 동영상	
10:50~11:50 바깥놀이	• 가족을 위해 내가 도울 수 있는 일을 안다.	설거지하기 • 가족을 위해 내가 도울 수 있는 일을 생각하며 말해 본다. • 놀이터에서 지저분해진 여러 가지 도구들을 찾아본다. • 설거지를 하기 위한 도구를 소개한다.	• 설거지 도구들 • 물을 담을 큰 그릇 • 그물망 그릇	

		• 설거지를 하는 방법을 알아본다. • 설거지를 한다. • 설거지 해 본 경험을 말해 본다.		
11:50~12:00 정리 및 손씻기	• 스스로 놀잇감을 정리한다. • 손을 깨끗이 씻는다.	• 놀잇감을 제자리에 정리한다. • 손을 깨끗이 씻는다.		
12:00~13:20 점심 및 양치질하기	• 바른 태도로 점심을 먹는다. • 깨끗이 양치질한다.	• 오늘의 점심 식단을 알아본다. • 점심을 맛있게 먹는다. • 깨끗이 이를 닦는다. • 점심을 다 먹은 후 조용한 놀이를 한다.	• 식단표	
13:20~14:00 동극	• 동극을 할 때 지켜야 할 약속을 안다. • 즐겁게 활동에 참여한다. • 동극을 보고 즐긴다. • 동극을 감상하고 생각과 느낌을 나눈다.	푸지에는 내 친구 • 어제 들었던 〈푸지에〉 동화를 다시 회상한다. • 동극을 하는 방법을 알아본다. • 동극을 할 때의 약속을 함께 정한다. • 동극 목걸이 및 소품을 만든다. • 동극에 참여하고, 동극을 감상한다.	• 동화 자료 • 동극 목걸이	
14:00~14:30 평가 및 귀가	• 하루일과에 대해 자신의 느낌과 생각을 적절하게 표현한다.	• 하루일과를 회상하고, 평가한다. • 차량이나 도보 시 지켜야 할 안전 규칙에 대해 이야기를 나눈다. • 가방을 챙긴다. • 인사 후 귀가한다.	• 안전 규칙판	
놀이 평가 및 다음 날 지원 계획		이야기 나누기 시간에 유아들이 다문화 가정에 대해 자신 주변의 비슷한 일을 이야기해 주었다. 하지만 시간이 부족해 많은 이야기를 듣지 못했다. 유아들의 이야기로 더 많은 사례나 이해 및 공감교육이 이루어질 수 있을 것 같아 내일은 유아들이 경험을 그림이나 글로 표현해 소개해 보는 시간을 가져도 좋을 것 같다.		

[그림 1] **일일 교육계획안 예시 1**

<table>
<tr><th>반 이름</th><td>○○반 (4세)</td><th>시기</th><td colspan="2">○○년 ○월 ○일 ○요일</td></tr>
<tr><th>놀이 주제</th><td>소중한 나와 가족</td><th>주제</th><td colspan="2">다양한 특징의 손</td></tr>
<tr><th>전날 놀이 평가 및 지원 계획</th><td colspan="4">손의 다양성에 관심을 보이나 구체적인 차이를 이해하지 못함. 따라서 손의 다양한 특성 차이에 대한 이해를 높이기 위한 지원을 계획함.</td></tr>
<tr><th>교육목표</th><td colspan="4">• 손의 다양한 특성에 대해 안다.
• 손의 다양한 움직임을 창의적으로 표현해 본다.
• 손의 촉감 차이를 느껴 본다.</td></tr>
<tr><th>일과시간표</th><td colspan="2">09:30~09:40 등원
09:40~11:00 자유놀이 및 평가
11:00~11:20 이야기 나누기
11:20~12:30 바깥놀이 및 휴식</td><td colspan="2">12:30~13:40 점심식사 및 양치질
13:40~14:00 동화
14:00~일과 평가 및 귀가</td></tr>
<tr><th>시간/활동명</th><th colspan="3">활동 목표 및 내용</th><th>자료 및 유의점</th></tr>
<tr><td>09:30~
09:40
등원</td><td colspan="3">• 선생님, 친구들과 반갑게 인사를 나눈다.
• 스스로 자신의 물건을 정리한다.
–옷과 가방을 정해진 곳에 바르게 정리한다.
• 출석판에 출석을 체크한다.
–자신의 출석을 출석판에 스스로 체크한다.
• 하루일과를 알아본다.
–'모두 제자리' 피아노 반주에 맞춰 자리에 모여 앉는다.
–모두 앉은 후 오늘의 날짜와 요일을 알아본다.
T: 어제의 날짜는 ○월 ○일 ○요일이었어요.
오늘의 날짜는 무엇일까요? 요일은 어떻게 될까요?
T: 오늘 하루 동안 할 활동이 무엇인지 순서대로 알아보아요.
• 오늘 새롭게 준비된 놀이가 무엇인지 알아본다.
<table>
<tr><th>영역</th><th colspan="2">놀이</th></tr>
<tr><td rowspan="3">언어
영역</td><td>활동명</td><td>동물의 손</td></tr>
<tr><td>활동
목표</td><td>• 동물 책을 보며, 동물들의 손 모습이 다름을 안다.
• 동물마다 다른 손의 특징을 살펴본다.</td></tr>
<tr><td>활동
방법</td><td>1. 책을 본다.
2. 특이한 손 모양의 동물을 찾아 동물이름을 따라 써 보고, 손 모양도 그려 본다.</td></tr>
</table></td><td>• 등원하는 유아들의 기분, 건강 상태 등을 체크한다.
• 유아의 가방을 확인하여, 유아가 복용해야 하는 약의 유무 등 원에 가져온 것들을 확인한다.
• 부모님의 특별한 전달 사항이 있는지 원아수첩을 확인한다.
• 옷걸이, 신발장, 약 냉장고, 컵을 놓을 쟁반, 수첩 바구니
• 피아노, '모두 제자리' 악보
• 언어영역, 과학영역 새 교재교구</td></tr>
</table>

<table>
<tr>
<td></td>
<td>
<table>
<tr><td rowspan="3">과학 영역</td><td>활동명</td><td>손금은 달라요</td></tr>
<tr><td>활동 목표</td><td>• 손금을 관찰하고, 친구들과의 차이점도 알아본다.</td></tr>
<tr><td>활동 방법</td><td>1. 돋보기로 자신의 손금 관찰하기
2. 친구들의 손금과 비교하기
3. 손금의 차이점을 알아보기</td></tr>
</table>
</td>
<td></td>
</tr>
<tr>
<td>09:40~
11:00
자유놀이 및
평가</td>
<td>
• 놀이를 한다.
–친구들과 사이좋게 놀이 규칙을 지키며 놀이한다.
<table>
<tr><td>영역</td><td colspan="2">놀이</td></tr>
<tr><td rowspan="3">미술 영역</td><td>활동명</td><td>손 그리기</td></tr>
<tr><td>활동 목표</td><td>• 내 손의 크기를 그려 본다.</td></tr>
<tr><td>활동 방법</td><td>1. 종이 뒤에 이름을 적는다.
2. 손을 종이 위에 펴서 올려놓는다.
3. 원하는 수성펜을 골라 손을 따라 그린다.
4. 친구들의 그림을 보고 손의 크기와 손가락 굵기 등을 비교해 본다.</td></tr>
<tr><td rowspan="3">수학 영역</td><td>활동명</td><td>손가락 길이 재기</td></tr>
<tr><td>활동 목표</td><td>• 7은물 조각을 활용해 손가락 길이를 재어 본다.</td></tr>
<tr><td>활동 방법</td><td>1. 손가락 하나를 펴서 책상 위에 올린다.
2. 손가락 옆에 7은물을 조각을 차례대로 놓는다.
3. 조각이 서로 빈틈이 없도록 놓는다.
4. 손가락마다 몇 개의 조각이 필요했는지 기록한다.</td></tr>
<tr><td rowspan="3">쌓기 영역</td><td>활동명</td><td>로봇 손 만들기</td></tr>
<tr><td>활동 목표</td><td>• 다양한 크기와 모양의 블록을 활용하여 거대한 로봇 손 만들기</td></tr>
<tr><td>활동 방법</td><td>1. 다양한 블록의 특징을 파악한다.
2. 블록을 활용하여 로봇 손을 만든다.</td></tr>
</table>
• 놀잇감을 정리한다.
–정리 음악 신호에 따라 놀잇감을 바르게 정리한다.
• 휴식 시간을 갖는다.
–손이 더러워진 친구들은 손을 깨끗이 씻는다.
–화장실 다녀오고, 물을 마신다.
</td>
<td>• 오늘 새롭게 준비된 놀이가 무엇인지 놀이 자료를 보여 주고, 방법을 알려 주어, 흥미를 가지고 놀이에 참여할 수 있도록 한다.</td>
</tr>
</table>

<table>
<tr>
<td></td>
<td>• 놀이를 평가한다.
–'모두 제자리' 피아노 반주에 맞춰 자리에 모여 앉는다.
–오늘 놀이를 평가한다.
T: 가장 재미있었던 놀이를 소개해 줄 사람이 있나요?
T: 언어영역에서 놀이한 동물의 손을 소개해 줄 사람이 있나요?
T: 과학영역에서 놀이한 손금에 대해 소개해 줄 사람이 있나요?
T: 놀이하면서 아쉬웠던 점이 있는 사람이 있나요?
T: 놀이 후 정리정돈은 잘했나요?</td>
<td></td>
</tr>
<tr>
<td>11:00~
11:20
이야기 나누기</td>
<td>
<table>
<tr><td>활동명</td><td>손으로 약속을 정해요.</td></tr>
<tr><td>활동
목표</td><td>• 손 제스처의 의미를 안다.
• 손 제스처를 다양하게 변화시켜 본다.</td></tr>
<tr><td>교육과정
관련 요소</td><td>• 신체운동 · 건강영역 〉 신체활동 즐기기 〉 신체 움직임을 조절한다.
• 예술경험영역 〉 창의적으로 표현하기 〉 신체나 도구를 활용하여 움직임과 춤으로 자유롭게 표현한다.
• 사회관계영역 〉 더불어 생활하기 〉 약속과 규칙의 필요성을 알고 지킨다.</td></tr>
</table>
1. 손유희 '주먹 가위 보' 하면서 주의집중을 한다.

2. 다양한 손 제스처를 보고, 따라 하며 그 의미를 알아본다.
T: (손 제스처 사진을 보여 주며) 이 사람은 손으로 무엇을 표현했을까?

3. 손 제스처를 의미는 같지만, 표현이 다르게 변화시켜 본다.
T: (손 제스처 사진을 보여 주며) 똑같은 의미를 가지지만, 다르게 손 모양을 표현해 볼 수 있을까요?
T: 또 다르게 표현을 해 볼 사람 있나요?
T: 왜 그렇게 생각했나요?
T: 다 같이 ○○가 표현한 것을 따라 해 봐요.

4. 활동을 평가한다.
T: 오늘 우리가 직접 손 제스처를 바꾸어 보기도 하였는데, 어떤 표현이 가장 기억에 남나요?
T: 오늘 활동 중 아쉬웠던 것은 무엇인가요?</td>
<td>• 활동 자료: 다양한 손 제스처 사진들(A3 크기)</td>
</tr>
</table>

<table>
<tr>
<td>11:20~
12:30
바깥놀이 및
휴식</td>
<td>• 바깥놀이터로 이동한다.
–날씨에 따라 겉옷 및 마스크를 착용한다.
–차례를 지켜 신발을 신고, 바깥놀이터로 이동한다.
• 오늘 새롭게 준비된 놀이가 무엇인지 알아본다.
<table>
<tr><th>영역</th><th colspan="2">놀이</th></tr>
<tr><td rowspan="3">물 · 모래놀이 영역</td><td>활동명</td><td>손 그림 그리기</td></tr>
<tr><td>활동 목표</td><td>• 마른 모래와 젖은 모래에 손으로 그림을 그리고, 그림 그리는 느낌의 차이를 알아본다.</td></tr>
<tr><td>활동 방법</td><td>1. 마른 모래 위에 손으로 그림을 그린다.
2. 모래에 물을 뿌리고, 그 위에 손으로 그림을 그린다.
3. 그림 그릴 때 느낌의 차이를 비교한다.</td></tr>
</table>
• 놀이를 한다.
–친구들과 사이좋게 놀이 규칙을 지키며 놀이한다.
• 놀이를 마무리한다.
–마무리 신호에 따라 놀이를 마무리하고, 바깥놀이 용품을 정리한다.
–두 줄로 서서 손과 몸의 모래, 먼지를 턴다.
• 교실로 들어간다.
–차례를 지켜 신발을 벗고 교실로 들어간다.
–겉옷이나 마스크를 벗어 정리한다.
• 손을 씻고, 휴식 시간을 갖는다.
–손을 깨끗이 씻는다.
–화장실 다녀오고, 물을 마신다.</td>
<td>• 전날 미리 실외놀이시설이 안전한지 점검해 둔다.
• 모래놀이에 위험한 조각이 없는지 다시 확인한다.
• 안전하게 놀이할 수 있도록 철저히 관리 감독한다.</td>
</tr>
<tr>
<td>12:30~
13:40
점심식사 및
양치질</td>
<td>• 식당으로 이동한다.
–차례대로 줄을 선다.
–걸어서 이동한다.
• 식당에서 식판을 들고, 배식대에 줄을 선다.
–배식대에서 차례로 음식을 받는다.
–조리사 선생님에게 감사하다고 인사를 한다.</td>
<td>• 유아들의 개별 특성을 파악하여, 알레르기 반응 식품이 있는지 확인하고, 컨디션에 따라 적정량이 배분되었는지 확인한다.</td>
</tr>
</table>

<table>
<tr>
<td></td>
<td>• 점심식사를 한다.
–친구들과 조용히 이야기를 나누며 바른 태도로 식사를 한다.
• 정리정돈을 한다.
–다 먹은 후 식판을 정해진 곳에 정리하고, 의자와 책상을 정리한다.
• 책을 읽으며, 친구들이 다 먹을 때까지 기다린다.
–책꽂이에서 책을 가져와서 조용히 책을 읽는다.
• 교실로 이동한다.
–다 먹은 친구들은 선생님과 함께 교실로 질서 있게 이동한다.
• 양치질을 한다.
–보관함에서 자신의 칫솔과 칫솔 컵을 찾아 꺼낸다.
–선생님에게 치약을 받는다.
–순서대로 서서 양치질을 깨끗이 한다.
–칫솔과 컵을 깨끗이 씻어 보관함에 넣는다.
• 조용한 놀이를 한다.
–친구들이 양치질을 다 할 때까지 수조작영역, 언어영역에서 놀이를 한다.</td>
<td>• 교사는 아이들과 함께 앉아 식사를 하며, 바른 식습관 교육과 영양 교육이 자연스럽게 이루어질 수 있도록 한다.
• 양치질이 서툰 유아의 경우, 양치질의 마무리는 교사가 직접 닦아 주어 이를 깨끗이 닦는 방법을 익힐 수 있도록 한다.</td>
</tr>
<tr>
<td>13:40~
14:00
동화</td>
<td>• 놀잇감을 정리한다.
–정리 음악에 신호에 따라 놀잇감을 바르게 정리한다.
• 손유희 ‘주먹 가위 보’를 따라 부르며, 자리에 모여 앉는다.
<table>
<tr><td>활동명</td><td>손가락 아저씨(자석동화)</td></tr>
<tr><td>활동
목표</td><td>• 동화를 듣고, 내용에 대해 생각을 말한다.
• 동화 뒷이야기를 지어 본다.</td></tr>
<tr><td>교육과정
관련 요소</td><td>• 의사소통영역 〉 듣기와 말하기 〉 말이나 이야기를 관심 있게 듣는다.
• 의사소통영역 〉 듣기와 말하기 〉 자신의 경험, 느낌, 생각을 말한다.
• 자연탐구영역 〉 탐구과정 즐기기 〉 주변 세계와 자연에 대해 지속적으로 호기심을 가진다.</td></tr>
</table>
1. 동화 첫 그림을 보며, 동화 내용을 추측해 본다.
T: 오늘 볼 동화의 첫 모습이란다. 무엇무엇이 보이나요?
T: 그럼, 어떤 내용의 이야기일까요?</td>
<td>• 활동 자료: 동화 표지 자료(코팅면 뒤에 자석 부착), 내용의 그림 자료(코팅면 뒤에 자석 부착), 자석 칠판
• 전래동화이므로 운율을 살려 동화를 들려준다.
• 동화 내용 순서에 맞게 그림 자료를 순서대로 정렬해 놓는다.</td>
</tr>
</table>

	2. 자석칠판을 활용한 동화를 듣는다. 손가락 아저씨가 길로길로 가다가 돈 한 푼을 주웠네 떡집으로 갈까? 엿집으로 갈까? 떡집으로 가서 떡 두개를 샀네 보에 싸서 짊어지고 개천에 가서 먹을라니까 물고기가 야암냠 도로싸서 짊어지고 외양간에 가서 먹을라니까 송아지가 야암냠 도로싸서 짊어지고 안방 가서 먹을라니까 집 자식이 야암냠 도로싸서 짊어지고 부엌에 가서 먹을라니까 귀뚜라미가 야암냠 도로싸서 짊어지고 뒤뜰에 가서 먹을라니까 쥐 두 마리가 날름 3. 동화를 듣고 난 후 동화 내용을 회상하여 이야기해 본다. T: 동화 주인공은 누구인가요? C: 손가락 아저씨요. T: 처음에 손가락 아저씨는 무엇을 주웠나요? 4. 뒷 이야기를 지어 본다. T: 너희가 손가락 아저씨라면 어떻게 할까요? 5. 활동을 평가한다. T: 동화가 재미있었나요? T: 무엇이 가장 즐거웠나요? T: 아쉬운 점은 무엇인가요? T: 그렇군요. 그럼 언어영역에 자석칠판과 그림 자료, 동화 내용을 둘 테니까 원하는 친구들은 자석칠판을 활용해 동화를 다시 읽어 봐요.	

14:00~ 일과 평가 및 귀가	• 하루일과를 평가한다. T: 오늘 어떤 활동들을 했었나요? T: 어떤 활동이 가장 즐거웠나요? T: 어떤 활동이 가장 아쉬웠나요? • 집으로 갈 준비를 한다. –유아 스스로 겉옷과 가방을 챙긴다. –차례를 지켜 신발을 신는다. –차량을 타는 유아는 정해진 곳에 줄을 서서 기다린다. –선생님, 친구들과 헤어지는 인사를 한다.	• 유아 소지품이 잘 챙겨졌는지 확인한다. • 유아별 귀가 방식에 맞게 귀가를 시키며, 보호자를 확인하여 안전하게 인계한다.
놀이 평가 및 다음 날 지원 계획	이야기 나누기 시간에 손의 역할에 대해 즐거워하였고, 손이 할 수 있는 일들에 궁금해하였다. 하지만 시간이 부족하고, 관련 교재교구가 없어 지원을 하기 어려웠다. 내일 자유놀이 시간에 손가락 인형이나 경찰 수사에서 지문활용 등을 알아보기 위한 교재교구를 준비해 놀이를 지원해도 좋을 것 같다.	

[그림 2] **일일 교육계획안 예시 2**

2. 실습 관련 양식

제2장에서 제시한 서류 외 교육부(2023)에 제시된 필요 서류 양식은 다음과 같다. 교육부(2023)의 「교원자격검정 실무편람」에 제시된 양식만 다음과 같이 첨부하였다.

[서식 2]

교육실습(학교현장실습) 병설(협력)학교 지정증명서

병 설 (협력) 학 교			실 습 학 생			
학 교 명	학급수	소 재 지	대 학 명	학 과 명	실습교과	실습예정 인 원

위와 같이 본교가 교육실습(학교현장실습) 병설(협력)학교로 지정되었음을 증명함

. . .

○ ○ 고 등 학 교 장 직인

〔서식 5〕

교육실습(학교현장실습)결과보고서(예시)

1. 실습학교명:

2. 실습 기간: 년 월 일~ 년 월 일(주간)

3. 지도교수 및 지도교사

직 명	성 명	담 당 내 용	비 고

4. 실습내용

제 1 주	제 2 주	제 3 주	제 4 주

5. 실습상황

학교명 및 학과명	실습생 성 명	근무 태도 (10%)	자질 (15%)	학습지도 능 력 (50%)	연구조사 활 동 (15%)	학급경영 및 사무처리능력 (10%)	총 평 (100%)	비고

위 사실을 증명함.

년 월 일

실 습 학 교 장 직인

참고문헌

교육과학기술부 (2009). **유치원 지도서 총론**. 서울: 교육과학기술부.

교육과학기술부 (2014). **제3주기 유치원 평가 매뉴얼**. 세종시: 교육부.

교육과학기술부 (2017). **2017년도 교원자격검정 실무편람**. 세종시: 교육부.

교육인적자원부 (2001). **유치원 교사교육 프로그램**. 서울: 교육인적자원부.

교육부 (2020). **관찰을 관찰하다**. 세종시: 교육부.

교육부 (2022). **2022년도 교원자격검정 실무편람**. 세종시: 교육부.

교육부 (2023). **2023년도 교원자격검정 실무편람**. 세종시: 교육부.

교육부, 보건복지부 (2019). **2019 개정 누리과정 해설서**. 세종시: 교육부, 보건복지부.

김혜윤, 강유진 (2018). 유아교육과 교육실습생의 수업경험에 관한 질적 연구. *Asia-pacific Journal of Multimedia Services Convergent with Art, Humanities, and Sociology, 8*(1), 361-370.

박은혜, 이은화 (1998). 반성적 사고 신장을 위한 교육실습지도: 실습지도교수의 역할을 중심으로. **교과교육학 연구, 2**(1), 187-204.

부산광역시 유아교육진흥원 (2010). **좋은 수업 만들기를 위한 우수수업지도안**. 부산: 부산광역시 유아교육진흥원.

양수영 (2012). 뇌 기반 연구에 기초한 유아교육의 방향 탐색. **한국교육문제연구, 30**(2), 87-113.

양수영 (2013a). 교육실습 연계 반성적 저널쓰기에 나타난 예비교사의 유아과학교육에 대한 실천적 지식 탐색. **유아교육학논집, 17**(3), 177-200.

양수영 (2013b). 2세 영아를 위한 뇌 기반 과학탐구 프로그램 개발. **한국영유아보육학, 82**, 21-43.

양수영 (2018). **영유아 건강교육**. 서울: 학지사.
양수영 (2023). 유아교사의 놀이기록 수행 실태. **어린이문학교육연구**, 24(2), 159-177.
표준국어대사전 (2018). http://www.korean.go.kr/front/search/searchList.do.

Brown-DuPaul, J., Keyes, T., & Segatti, L. (2001). Using documentation panels to communicate with families. *Childhood Education, 77*(4), 209-213.
Dale, E. (1969). *Audiovisual methods in teaching*. New York, NY: Draden Press.
Elbaz, F. (1983). *Teacher Thinking: A study of practical knowledge*. UK, London: Croom Helm.
Finn, J. D. (1964). Instructional Technology. *Audiovisual instruction, 10*(3), 192-194.
Hiebert, J., Gallimore, R., & Stigler, J. W. (2002). A knowledge base for the teaching profession: What would it look like and how can we get one? *Educational Research, 31*(5), 3-15.
Hoban, C. F., & Zisman, S. B. (1937). *Visualizing the curriculum*. New York, NY: The Cordon Company.
Merewether, J. (2018). Listening to young children outdoors with pedagogical documentation. *International Journal of Early Years Education, 26*(3), 259-277.
NAEYC (2008). The power of documentation in the early childhood classroom. *Young Children, 63*(2), 88-93.
Seitz, H. (2006). The plan: Building on children's interests. *Young Children, 61*(2), 36-41.
Winton, P. J., & McCollum, J. A. (2008). Preparing and supporting high-quality early childhood practitioners: Issues and evidence. In P. J. Winton, J. A. McCollum, & C. Catlett (Eds.), *Practical approaches to early childhood professional development: Evidence, strategies, and resources* (pp. 1-12). Washington, DC: Zero to Three Press.
Yayli, D. (2009). Reflective practice of pre-service teachers in a listening skill course in an ELT department. *Procedia-Social and Behavioral Sciences, 1*(1), 1820-1824.

저자 소개

양수영(Suyoung Yang)

중앙대학교 유아교육과 학사
중앙대학교 대학원 유아교육과 석사
중앙대학교 대학원 유아교육과 박사
서울시 유치원 평가 현장평가위원
서울시 서초구 보육정책위원
한국연구재단 연구사업 책임연구원
서울시 교육청 유치원 컨설팅위원
현 한양여자대학교 유아교육과 교수

〈주요 논문〉

양수영 (2023). 유아교사의 놀이기록 수행 실태. 어린이문학교육연구, 24(2), 159-177.

양수영 (2022). 예비교사의 혁신교수법 경험이 실천적 지식형성에 미치는 영향: 혁신교수법에 대한 인식의 매개효과. 어린이문학교육연구, 23(4), 283-297.

Suyoung Yang (2022). Methods of Nuri Curriculum Implementation in Distance Education. *INTERNATIONAL JOURNAL OF EARLY CHILDHOOD EDUCATION, 28*(1), 25-43.

양수영 (2021). 유아 대상 원격교육 콘텐츠 평가도구 개발 및 타당화. 학습자중심교과교육연구, 21(14), 637-652.

양수영 (2020). 「2019 개정 누리과정」에 대한 유아교사의 이해도. 학습자중심교과교육연구, 20(17), 452-448.

양수영 (2019). 예비교사 대상 뇌 기반 영유아 건강교육 프로그램의 종단효과. 유아교육학논집, 23(5), 5-27.

양수영 (2018). 뇌 과학에 근거한 영유아 소프트웨어 교육 방향. 어린이미디어연구, 17(1), 61-83.

양수영 (2017). 영아 대상 뇌 기반 안전교육 방안 개발 및 효과. 유아교육학논집, 21(5), 197-218.

양수영 (2016). 뇌 과학과 교육학 분야 간 융합연구를 통한 예비교사교육의 뇌 기반 교수-학습 전략 개발. 유아교육학논집, 20(3), 61-88.

양수영 (2016). 뇌 과학 연구 결과에 기초한 예비교사교육의 교수-학습 전략 적용 및 효과에 대한 메타분석. 유아교육연구, 36(3), 24-49.

양수영 (2013). 교육실습 연계 반성적 저널쓰기에 나타난 예비교사의 유아과학교육에 대한 실천적 지식 탐색. 유아교육학논집, 17(3), 177-200.

그 외 영유아 교육 관련 단독연구 다수

「2019 개정 누리과정」을 반영한
유아 학교현장실습(2판)
–놀이에 기초한 단위(연계)활동 지도 방법 중심으로–
Practicum in Childcare & Education

2019년 2월 15일 1판 1쇄 발행
2022년 3월 20일 1판 2쇄 발행
2023년 8월 30일 2판 1쇄 발행

지은이 • 양수영
펴낸이 • 김진환
펴낸곳 • ㈜학지사
04031 서울특별시 마포구 양화로 15길 20 마인드월드빌딩
대표전화 • 02-330-5114 팩스 • 02-324-2345
등록번호 • 제313-2006-000265호

홈페이지 • http://www.hakjisa.co.kr
인스타그램 • https://www.instagram.com/hakjisabook

ISBN 978-89-997-2963-8 93370

정가 15,000원